Gerd Osenberg
Heide Rosendahl

Heide Rosendahl
Sprinten + springen

gerd osenberg
heide rosendahl

heide rosendahl sprinten + springen

BLV Verlagsgesellschaft
München Bern Wien

Bildnachweis

Czanotta, Tirk, Torringen 51 (2), 59 (2), 70, 71, 75, 77, 78, 79, 80 (2), 81, 91; Dettmer 32, 33; Groeneveld 56; Hartung 24 (2), 25 (3); Hubmann 103; Joch 21, 59; Junghans 31; Mühlberger Titelbild, 83 (2); Müller 6, 9, 13, 39, 48, 65, 67; Nazzaro 62; Nett 2, 72, 73, 74; NOP 10, 16, 26, 29, 35, 44, 53, 60, 95, 96; Offizielle Ergebnisse München 1972: Organisationskomitee für die Spiele der 20. Olympiade München 1972, Seite 11, 17, 18, 20, 23, 27, 28, 34; Schirner 64, 66; Simon 58, 76; Werek 44

Graphische Gestaltung: Hellmut und Barbara Hoffmann
Einbandentwurf: Franz Wöllzenmüller

Druck: Ernst Wartelsteiner, München
Buchbinder: Conzella, München

Printed in Germany · ISBN 3-405-11292-3

Inhalt

1

2

3

4

1

Der olympische Weitsprungwettkampf in München

Ich wollte endlich springen!

Ich wollte endlich springen! Ich hatte so große Lust, war so gespannt auf den Wettkampf, wollte unbedingt loslegen und dachte ständig daran, beim ersten Sprung sicher auf den Balken zu kommen. So bin ich flott losgelaufen, was zu einem guten Sprung gehört. Man darf am Schluß bei den letzten Schritten nicht mehr auf den Balken schauen, weil sich durch den Blick nach unten die Körperhaltung verändert und dies nicht so günstig für den Absprung ist, als wenn man in die Richtung schaut, wohin man springen will. Ich habe dennoch nach unten geschaut und bin abgesprungen und gesprungen . . . Ich hatte mich bei diesem ersten Sprung gut gefühlt und wußte das, als ich aus der Grube kletterte. Die Kampfrichter zeigten eine 7 — das war, wie sich später herausstellte, ein voreiliger Irrtum. »Das kann doch nicht wahr sein«, dachte ich, »du kannst doch nicht über 7 m springen«. Beim Ablesen der Weite hörte ich dann den Kampfrichter sagen 6,78 m! Ich war so glücklich und froh, so in Schwung zu sein und hatte meinen Vorsatz, einen sicheren ersten Sprung hinzulegen, erreicht. Ich war damit zufrieden und glücklich.

Nachdem ich mich ein bißchen beruhigt hatte, sagte ich mir: »Die anderen kommen noch, du mußt auf Spannung bleiben! Du mußt unter Umständen noch weiter springen, das reicht noch nicht. Bilde dir jetzt ja nicht ein, daß das reicht, das reicht ganz bestimmt nicht. Du mußt darauf gespannt sein, weiter zu springen. Du mußt schon beim nächsten Versuch weiter springen!«
Heute wissen alle, daß es reichte. Aber es war ein sehr knappes Ergebnis und ich mußte um meinen Sieg bangen. Ich wartete zuerst ab, habe mich im Grunde gar nicht darum gekümmert, wie die Gegnerinnen sprangen. Diese hörte ich wie aus weiter Ferne, etwa, daß Yorgova nicht sehr weit gesprungen war, so um 6,40 m. Ich konzentrierte mich auf meinen nächsten Sprung. Nur um Heidi Schüller habe ich mich ein bißchen gekümmert, ich hoffte, daß sie zumindest mit den Endkampf erreichen würde.
Mein nächster Sprung kam an die Reihe und ich habe in den Sprung wieder alles hineingelegt. Doch vielleicht war ich ein bißchen zu verkrampft, nicht mehr so voller Spannung, wie vorher. Die Weite: 6,76 m! Der dritte Sprung war 6,69 m.

Die Spannung löst sich

Meine Spannung hatte etwas nachgelassen und im vierten Versuch kam ich auf 6,52 m. Dann hatte die Bulgarin Yorgova ihren vierten Versuch. Der Beifallssturm der 80 000 Zuschauer machte mir deutlich, daß sie einen ausgezeichneten Sprung vollbracht hatte. 6,77 m erschienen in Leuchtschrift an der Anzeigentafel. Genau einen Zentimeter weniger als ich! »Jetzt kommt sie erst« – sagte ich mir – »jetzt hat sie ihren Anlauf erst richtig gefunden. Du mußt also noch weiter springen!«
Dianas fünfter Versuch lag bei etwa 6,60 m, ich kam auf 6,73 m und der letzte Sprung meiner großen Gegnerin war ungültig.
Ich war erlöst. Wir haben einander sofort herzlich gratuliert und uns umarmt. Ich hatte nie das Gefühl, sie geschlagen zu haben. Es war eher ein harmonisches, schönes Gefühl. Sie war nicht neidisch oder gar »sauer«, daß sie nun mit dem zweiten Platz vorlieb nehmen mußte. Ich sagte mir: »Mit dem einen Zentimeter warst du jetzt nicht besser oder schlechter als Diana, ihr hat nur ein Quentchen Glück gefehlt.«

Bei der Siegerehrung habe ich dann Diana und Eva Suranova (CSSR) zu mir auf die oberste Stufe des Treppchens geholt, weil ich einfach das Gefühlt hatte, daß sie nicht deshalb tiefer stehen durften als ich, weil sie weniger Glück hatten. »Laßt uns zusammen hier oben stehen, das ist schöner und vielleicht auch gerechter!«
Erst wenig später wurde mir so richtig bewußt, daß ich Olympiasiegerin geworden war. Olympische Spiele sind etwas ganz Besonderes. Ich erinnerte mich daran, daß ich als Jugendliche Olympiasieger stets bewundert habe, aber nie daran dachte, selbst einmal auf dem »Treppchen« zu stehen. Und nun war es doch tatsächlich so weit gekommen.
Nach dem Sieg gehörte ich nicht mehr mir selbst. Im Anschluß an die Pressekonferenz mit so vielen, zum Teil auch sehr überflüssigen Fragen, mußte ich mit zum Fernsehstudio zum Interview und dann erst kam ich glücklich und abgespannt ins Olympische Dorf zurück. Meine Kameradinnen empfingen mich mit großem Hallo, Händeschütteln, Umarmungen und Schulterklopfen. Im Zimmer standen

Lagebesprechung?
Pause zwischen den Sprüngen des olympischen Weitsprungwettbewerbs: Heide Rosendahl, Diana Yorgova, Heidi Schüller

bunte Blumen und zahlreiche Telegramme warteten auf mich. Ich war zufrieden mit mir selbst und dachte doch schon an den übernächsten Tag, den Beginn des Fünfkampfs.

Rückblende zu den Olympischen Spielen in Mexiko 1968

Nach der vorangegangenen Erzählung wird man mir vielleicht kaum abnehmen, von welchen Zweifeln ich am Abend vor diesem Wettkampf geplagt war. Meine Gedanken wanderten zurück zu den Olympischen Spielen in Mexiko 1968, wo ich ebenfalls voller Hoffnungen, kurz vor der Erfüllung sportlicher Träume, gestanden habe.

»Montezumas Rache«

In Mexiko war ich abends munter zu Bett gegangen. Nachts um zwei Uhr wurde ich wach und hatte fürchterliche Magenschmerzen. Mir war schlecht, ich hatte starken Durchfall. Die berüchtigte Krankheit hatte mich plötzlich befallen, von uns »Montezumas Rache« genannt, eine gemeine Darmgrippe.
Einer hatte den anderen angesteckt, viele hatten die Sache schon hinter sich. Ich bin eigentlich sehr widerstandsfähig, gerade gegen Darmgrippe und Magenbeschwerden, und hatte noch nie hiermit Schwierigkeiten gehabt. Ausgerechnet in der Nacht vor dem Weitsprung kam ich an die Reihe: Die Nacht wurde auf der Toilette verbracht, ich war morgens naß geschwitzt, hatte wohl auch schon hohes Fieber und konnte kaum aufstehen. Von der Ärztin bekam ich Tabletten. Am Nachmittag sollte die Weitsprung-Qualifikation sein. Man konnte mir keine starken Mittel geben, die ermüdeten; in anderen Mitteln waren Dopingsubstanzen drin. Viel Tee und Weißbrot hat man mir gegeben, ich mochte gar nichts! Ich hätte am liebsten sterben wollen . . .
Gegen Mittag hatte ich mich ein bißchen gefangen, fühlte mich stärker. Vielleicht war es Einbildung, weil ich um 12 Uhr 40 Grad Fieber hatte. Heute weiß ich, vernünftigerweise wäre ich besser nicht gestartet.

1

In der Gesamtleistung aller sechs Sprünge ist Heides Überlegenheit deutlicher, als es die Differenz des Zentimeters im Endergebnis vermuten läßt.

31. aug 17:35 olympiastadion

leichtathletik	track and field	athletisme
weitsprung frauen	long jump women	saut en longueur femmes
ergebnis	result	resultat
endkampf	final	finale

				1.	2.	3.	4.	5.	6.	start	best
1.	173	rosendahl, heide	ger	6,78*	6,76	6,69	6,52	6,73	6,71	4	6,78
				+0,60	+0,40	-0,90	+0,40	-0,20	-0,10		
2.	47	yorgova, diana	bul	6,43	6,12	6,62	6,77	6,53	-	14	6,77
				+1,50	+1,00	+2,20	-0,50	+0,50	+0,60		
3.	330	suranova, eva	tch	6,51	6,60	-	6,67	-	6,27	5	6,67
				+1,20	+0,60	+1,00	+0,90	+0,70	+0,90		
4.	68	garbey, marcia	cub	6,26	6,52	3,96	5,94	-	-	11	6,52
				-0,50	+2,10	+2,20	+0,20	+0,50	+1,70		
5.	177	schueller, heidi	ger	6,32	6,18	6,51	-	-	6,25	9	6,51
				+2,00	+0,30	0,00	+1,00	-1,20	-1,00		
6.	304	antenen, meta	sui	-	6,49	-	6,16	6,39	-	13	6,49
				+0,20	+1,30	-0,60	-0,70	+0,30	+0,50		
7.	300	viscopoleanu, vi	rom	6,43	6,48	6,48	6,44	6,35	6,44	12	6,48
				+3,70	+0,30	+2,40	+0,50	+0,30	-0,60		
8.	140	olfert, margrit	gdr	6,42	-	6,34	6,46	6,30	-	3	6,46
				+0,40	+1,00	+0,90	+1,70	-1,60	+1,20		
9.	113	sherwood, sheila	gbr	6,41	-	6,40				10	6,41
				-0,20	+1,90	0,00					
10.	194	bruzsenyak, ilon	hun	6,39	-	6,36				2	6,39
				0,00	-0,40	0,00					
11.	397	white, willye	usa	6,01	6,27	-				1	6,27
				+0,70	-0,80	+1,40					
12.	328	nygrynova, jarmi	tch	6,19	6,24	6,02				7	6,24
				+2,10	-0,20	+3,10					
13.	138	liebsch, angelik	gdr	-	6,23	6,07				6	6,23
				-1,30	+1,60	+0,30					
14.	299	vintila, elena	rom	6,06	6,01	6,13				8	6,13
				0,00	+1,90	+0,50					

* = moment. bestleistung / previous best performance
\- = ungueltig / failed

Aber ich war jung und wollte Olympische Spiele mitmachen: »Spiele sind nicht jeden Tag«, sagte ich mir. »Da muß du dich durchbeißen, das kann man ja irgendwie hinkriegen.«

Im Weitsprung die beste Weite der Qualifikation

Ich habe mir selbst Mut gemacht und bin dann auch hinaus ins Stadion gefahren mit Gerd Osenberg, meinem Trainer. Ich habe fürchterlich weiß ausgesehen, hatte Schweißausbrüche, konnte mich nicht einlaufen, denn ich war schon aufgewärmt genug. Wir wurden zum Wettkampf geführt. Ich war die einzige Teilnehmerin aus der BRD in der Gruppe. Die Mädchen aus der DDR haben mich gefragt, haben mir geholfen, haben den Anlauf für mich ausgemessen. Ich habe mich hingestellt auf die Ablaufmarke und habe dann den Sprung übertreten. Sie sagten mir, Du mußt noch einmal springen, Du bist übergetreten, das hatte ich gar nicht bemerkt. Wohl weil das Fieber so hoch war, kann ich mich jetzt nicht mehr daran erinnern. Mir kam nicht einmal alles so schlimm vor. Beim zweiten Sprung bin ich dann auf den Balken gekommen, hatte mit 6,56 m (!) die beste Weite der Qualifikation überhaupt gesprungen. Auch das hat man mir abends erzählt.
Dann kamen Krämpfe im Magen und Darm dazu. Das tat mir zum Teil unheimlich weh und ich bekam Entkrampfungsmittel, die aber so gut wie gar nicht geholfen haben. Die ganze Nacht habe ich nicht geschlafen und war unterwegs.
Ich hatte natürlich keine Lust zum Wettkampf und habe mich richtig aufputschen müssen, redete mir Mut zu: »Heide, komm, das sind Olympische Spiele, jetzt mußt du dich mal ein bißchen zusammenreißen!« Alles lief dann so an mir vorbei, interessierte mich eigentlich nicht, ich war völlig apathisch und bin schließlich 8. geworden.

Im Fünfkampf Favoritin

Am nächsten Tag fing der Fünfkampf an und Gerd munterte mich auf, daß ich wieder ein bißchen fit wurde und zu mir kam. Er sagte mir immer: »Morgen ist der Fünfkampf und Du bist Favoritin! Du mußt Dich wieder zusammenreißen, Dich sammeln.« Was ich immer sehr gut konnte, nämlich eine gute Einstellung zum Wettkampf finden, diesmal fiel es mir ungeheuer schwer. Wieder war ich bei den Ärzten. Abends habe ich auch etwas gegessen und im Körper behalten – ein positives Zeichen. Die ganze Apathie war aber auch am nächsten Tag noch da. Um 6 Uhr stand ich auf, hatte die Nacht einigermaßen geschlafen und fühlte mich an sich wieder gut. Auf jeden Fall sollte um 9 Uhr der erste Hürdenlauf des Fünfkampfs beginnen. Ich habe mich aufgewärmt wie gewohnt, spürte aber gar nicht, ob ich warm war oder nicht. Mein Aufwärmprogramm war wie immer: Dabei bin ich in den Hürdensitz runtergegangen, mit dem Oberkörper nach vorne, und dann hat es auf einmal einen fürchterlichen Knall gegeben und einen stechenden Schmerz an der Rückseite des Oberschenkels. Ich stand wieder auf, aber das linke Bein knickte weg und ich kam mir sehr komisch dabei vor. Ich dachte an nichts Böses und fühlte einmal an den Oberschenkel. Gerd merkte es gleich, kam zu mir

1

Mexiko 1968:
Eine letzte Träne nach dem Verletzungspech. Zum Trainer neben ihr: »Dann eben in München!«

und fragte: »Heide, hast Du irgend etwas, ist was?«
»Ich weiß nicht«, und erzählte ihm kurz. Zufällig war der Masseur da und sah sich die Sache an. Wir suchten einen Arzt. Der Schmerz wurde so schlimm, daß ich nicht mehr auf dem linken Bein stehen konnte und dachte, ein Nerv sei eingeklemmt. Wir fanden keinen deutschen Arzt, gingen zum spanisch-mexikanischen, der aber nur mexikanisch sprach. Er legte mich auf einen Massagetisch. Prof. Steinbach kam dazu und begutachtete die Verletzung. Dann fühlte ich an meinen Oberschenkel, ich konnte drei Finger in ein Loch legen, das ich entdeckte. Der ganze Muskel war irgendwie gerissen. Der Arzt gab mir eine Betäubungsspritze und legte eine ganz stramme Bandage an. Ich dachte, damit wieder laufen zu können. Den anderen nach bin ich dann zum Startblock gehumpelt und versuchte, – ich konnte mir noch nicht einmal den Schuh anziehen – mich einzulaufen. Ich bin auf die Hürde zugelaufen und wollte, wie es üblich ist, ein gestrecktes Bein über die Hürde bringen. Das Bein, welches mir weh tat! Ich konnte das Bein überhaupt nicht selbständig

hochheben und strecken und habe mir dann selbst gesagt, es geht nicht, ich kann einfach nicht. Ich wollte unsere anderen Läuferinnen Manon und Ingrid, die ihren Lauf hatten, nicht auch noch erschrecken. Auf jeden Fall habe ich gedacht, »mach nicht die anderen auch noch verrückt, sie schauen schon schokkiert genug«. Ich habe dann meine Tasche gepackt und bin zum Rand gegangen . . .
Gerd saß auf der Tribüne, ich ging zu ihm, was sollte man sagen. Ich wollte nicht ins Dorf, ich wollte ganz allein sein.
Diese Erinnerungen gingen mir an diesem Abend in München durch den Kopf und ich fragte mich, wie stehst du wohl morgen früh auf?

Warten, Warten auf den Wettkampf

Trotz allem bin ich noch vor meinem kleinen Wecker selbständig wach geworden und habe dies als gutes Zeichen empfunden. Ich fühlte mich so wohl wie selten. In aller Gemütsruhe habe ich mich fertig gemacht zur Qualifikation um 10 Uhr, ohne Hetzen, ich hatte Zeit genug, draußen war schönes Wetter. Ich habe gemütlich auf meinem Zimmer gefrühstückt. Ich wollte ein bißchen meine Ruhe haben, wollte meine Kräfte hier sammeln und nicht noch Anregungen von anderen hören, die es gut meinen, diese gutgemeinten Ratschläge! So kurz vor dem Wettkampf gehen sie einem fürchterlich auf die Nerven. Außer von meinem Trainer kann ich mir so etwas von niemandem mehr anhören.
Die Tasche wurde fertig gepackt. Es wurde nichts vergessen, ganz wichtig der Ausweis und die Startnummern. Daß man jetzt nicht an solchen Kleinigkeiten die Nerven verlieren mußte, war besonders wichtig.
Ich brauche morgens, um wach zu werden, eine etwas längere Einlaufzeit. Ich habe mir dann nur gesagt, »Du mußt versuchen, daß der erste Sprung sitzt, damit überhaupt keine Unsicherheiten aufkommen.« Wir sprangen vor der Tribüne, der Wind war sehr unangenehm. Er wehte von 3 m/sec Gegen- bis 3 m/sec Rückenwind und schwankte häufig hin und her. Demnach mußte die Anlaufmarke dauernd wechseln. Gras hochwerfen und sehen, wie schnell es wegfliegt. Dies war eine Orientierungsmarke. Im Grunde muß ich sagen, habe ich mich gewundert, was an mir selbst auffällig war, wie fröhlich und lustig ich war. Normalerweise bin ich ein fürchterlicher Morgenmuffel. Gerd sagte, »ich kenne Dich gar nicht wieder«. Ich freute mich so, daß ich springen durfte und hatte eine richtige Lust dazu. Und so war es auch im Ergebnis. Der erste Sprung war nicht ganz auf dem Balken, aber 6,60 m! Wir mußten eine Qualifikationsweite von 6,30 m schaffen, das war damit erreicht. Ich guckte, was Heidi und Ingrid machten. Heidi schaffte ja dann die Qualifikation, während Ingrid alle drei Sprünge ungültig hatte. Vielleicht hat ihr das entsprechende Training gefehlt, welches einfach vor dem Weitsprungwettkampf der Olympischen Spiele notwendig ist, und der Nervenstreß, der dazu gehörte, einen Streich gespielt. Auch durch ihre Verletzung konnte sie sich nicht entsprechend vorbereiten.
Ich bin anschließend ins Dorf zurück und habe eine Stunde im Bett

1

gelegen. Um 15.30 Uhr sollte der Olympische Endkampf beginnen. Jetzt konnte ich natürlich in keiner Weise schlafen: Immer wieder habe ich die Augen zugemacht, war aber einfach zu aufgedreht. Ich bin in Gedanken den Anlauf durchgegangen, den bestimmten Rhythmus, den ich immer habe. Bin bis zum Balken gekommen, immer wieder dieses Stück bis zum Balken, damit dieses Stück auch klappte, daß ich das Tempo behalte, die Körperhaltung. Dies sind die Vorbereitungen für den eigentlichen Absprung. Dieses Gefühl bin ich im Geiste immer wieder durchgegangen, dabei habe ich im Bett die seltsamsten Bewegungen gemacht. Mein Ruhepuls war weit über dem normalen Wert. Das Gefühl, »machst du es jetzt richtig, ist es das Gefühl, das du brauchst, um weit, weit zu springen?« Die Spannung wuchs dann bei mir so ein bißchen ins Unerträgliche. Ich bin aufgestanden, mehrmals über den Flur gegangen. Vielleicht habe ich erwartet, daß ich jemanden treffe, mit dem ich noch einmal reden konnte. Es war niemand da. Dann habe ich versucht, etwas zu lesen – und habe immer das gleiche Wort gelesen. Ich sagte mir, das hilft alles nichts, habe dann dreimal tief durchgeatmet.
Endlich war die Zeit um. Ich konnte meine Sachen nehmen, meine Tasche packen, ging runter zum Bus, wo Gerd auf mich wartete. Wir sind sehr früh abgefahren.
Ich habe am Einlaufplatz mit einigen Schritten immer den Absprung versucht, um das Gefühl wieder zu bekommen. Ich fühlte mich pudelwohl und so richtig kerngesund, mir fehlte gar nichts. Ich sagte nur, »im Grunde kann gar nichts schief gehen!«
Mir liegt es viel mehr »von hinten zu springen«, d. h. wenn die Gegnerin die Leistung kurz vorher springt. Dies hat auf einige Athletinnen immer eine schockierende Wirkung. Auf mich hat es eine aufmunternde, eine anstachelnde. So hatte ich immer meine großen Leistungen erreicht. Diesmal sprang aber ich vor allen Konkurrentinnen.
Am Stellplatz hörten wir, daß wir nicht vor der Tribüne springen sollten, sondern auf der Gegenseite. Dort drüben war nur eine Windschwankung von minus 1 m/sec bis plus 1 m/sec. Mir war es auch im Grunde ganz egal. Das einzige, was ich dazu sagte, war: »Ach, dann ist mein Vater ja König.«
Meine Eltern saßen auf der Gegenseite! Gerd sagte mir, daß er irgendwo auf der Tribüne bleiben und sich den Wettkampf von oben ansehen würde. Er konnte nicht rüberkommen, weil er mir im Wettkampf nicht helfen könne. Es ist angenehm, wenn ich weiß, daß er da oben und nicht in der Nähe ist, damit ich ihn nicht mit meinen Augen ständig suche. So wußte ich, er sitzt auf der Gegentribüne und schaut sich das alles an. Helfen konnte er mir sowieso nicht. Ich habe mir gesagt, »das machst du jetzt allein.« »Du weißt, daß du springen kannst, du weißt auch, daß du den Balken triffst, du weißt auch, daß du fit bist und es wird schon gutgehen.«
Ich habe zwei Probesprünge gemacht oder drei, der Anlauf saß auf dem Balken, ich war zufrieden. Dann holte ich zwei Becher Tee, denn wenn man einen längeren Wettkampf hat und einen trockenen Mund, ist es immer angenehm, wenn man etwas Flüssigkeit bekommt. Ich war, glaube ich, dritte oder vierte Springerin. Im Grunde konnte ich kaum noch erwarten zu springen.

Bei gleicher Technik: Heide läuft gelöster als Burglinde Pollak

Der Fünfkampf in München

Der Fünfkampf ist immer noch die Übung, die mir am meisten Spaß macht. Ich bin vom Typ her Mehrkämpferin und nicht Einzelkämpferin, habe mich auch auf den Fünfkampf am meisten gefreut, obwohl ich für den Weitsprung mehr Chancen hatte. Die Gegnerinnen waren im Fünfkampf viel stärker, nach meiner Meinung.
Am nächsten Tag traf ich meine Eltern im Olympischen Dorf. Mein Vater war sehr sehr glücklich, ihm liefen vor Freude die Tränen herunter, meiner Mutter auch. Vor allem freute sich auch Susanne, meine Schwester, die in der Leichtathletik schon an Wettkämpfen teilgenommen hat.
Abends bin ich dennoch rechtzeitig ins Bett gegangen, allerdings von der Gratulationscours wie »erschossen« und müde. Dennoch mußte ich mich vor dem Einschlafen etwas aufdrehen, weil der Fünfkampf am nächsten Morgen früh beginnen sollte. Ich mußte um 5.30 Uhr aufstehen, um 9.30 Uhr begann der Hürdenlauf. Die erste

1

Winddifferenz von Lauf 1 und Lauf 2:
0,70 m/Sek.; das heißt ca. 10 Punkte
Vorteil u. a. für Mary Peters.

2. sept 11:05 olympiastadion

leichtathletik	track and field	athletisme
fuenfkampf	pentathlon	pentathlon
ergebnis	result	resultat
100 m huerden lauf 1	100 m hurdles heat 1	100 m haies serie 1

				res	bahn/track	punkte/points
1.	173	rosendahl, heidemarie	ger	13, 34	3	953
2.	143	pollak, burglinde	gdr	13, 53	4	927
3.	119	wilson, ann	gbr	13, 61	1	916
4.	361	tikhomirova, valentina	urs	13, 77	5	895
5.	31	anghelova, nedialka	bul	13, 84	6	886
6.	87	debourse, marie-christine	fra	14, 03	7	862
7.	201	papp, margit	hun	14, 91	2	758

wind = -0, 20 m/sec

100 m huerden lauf 2 — 100 m hurdles heat 2 — 100 m haies serie 2

				res	bahn/track	punkte/points
1.	123	bodner, christine	gdr	13, 25	6	966
2.	111	peters, mary	gbr	13, 29	7	960
3.	362	tkachenko, nadezhda	urs	13, 81	4	890
4.	20	prokop, liese	aut	14, 11	1	852
5.	56	van kiekebelt, deborah	can	14, 39	5	818
6.	166	mack, karen	ger	14, 45	3	811
7.	376	frederick, jane	usa	14, 60	2	793

wind = +0, 50 m/sec

Übung mußte sitzen. Die Nacht über habe ich gut geschlafen und bin wieder fröhlich aufgestanden.
Es war wieder schönes Wetter, was bei mir immer ein bißchen eine Rolle spielt. Am Einlaufplatz trafen Gerd und ich die anderen Fünfkämpferinnen Karin Mack und Margot Eppinger sowie den Verbandstrainer Paul Klinkmüller.
Im Fünfkampf habe ich Angst vor dem Hürdenlauf. Wenn man mal ein bißchen hängen bleibt, dann ist schon so viel schief gelaufen, da kann der ganze Fünfkampf verpatzt sein. Ich konnte mir also hier auf keinen Fall erlauben, einen Patzer zu bringen, dafür waren die Geg-

nerinnen zu stark – wenn ich überhaupt bei irgendeiner Medaille mitreden wollte.
Ich war im ersten Lauf. Burglinde Pollack, DDR, war in meinen Augen die stärkste Gegnerin, neben der Russin Valentina Tischomirowa und Mary Peters aus England. Ich erinnerte mich an den Fünfkampf vor einem Jahr bei den Europameisterschaften, wo Burglinde Pollack mich im Hürdenlauf um $^{2}/_{10}$ Sek. geschlagen hatte. Dieses Mal war es umgekehrt. Ich führte mit $^{2}/_{10}$ Sek. vor ihr. Das bedeutete an sich ein Plus von $^{4}/_{10}$ Sek. gegenüber meiner vermeintlich stärksten Rivalin. Im nächsten Lauf lief Mary Peters 13,29, also $^{5}/_{100}$ Sek. schneller als ich.
Mißverständnis und Verwirrung. Karen Mack und ich fragten, ob es laut Reglement erlaubt sei, nach dem Hürdenlaufen in die Aufwärmhalle zurückzugehen und sich auf das Kugelstoßen vorzubereiten. Kein Einwand. Wir beide wunderten uns, daß keine weitere Fünfkämpferin raus kam, um sich einzustoßen. Wir haben uns dann zeitgemäß, eine halbe Stunde vor Beginn am Stellplatz wieder gemeldet und erfuhren dort, daß das

2. sept 11:40 olympiastadion

leichtathletik	track and field	athletisme
fuenfkampf	pentathlon	pentathlon
ergebnis	result	resultat
kugelstossen gruppe 1-------------	shot put group 1------------------	lancement du poids groupe 1-------

				1.	2.	3.	st-no	best	pt
1.	111	peters, mary	gbr	15, 03	16, 20	14, 41	4	16, 20	960
2.	143	pollak, burglinde	gdr	15, 56	16, 04	15, 31	11	16, 04	952
3.	20	prokop, liese	aut	15 14	–	13, 93	6	15, 14	903
4.	361	tikhomirova, valentina	urs	–	14, 56	14, 64	13	14, 64	875
5.	166	mack, karen	ger	14, 10	13, 11	13, 08	10	14, 10	844
6.	31	anghelova, nedialka	bul	13, 96	13, 54	13, 85	7	13, 96	836
7.	173	rosendahl, heidemarie	ger	13, 62	13, 86	13, 56	1	13, 86	830
8.	362	tkachenko, nadezhda	urs	13, 67	13, 64	13, 69	14	13, 69	820
9.	201	papp, margit	hun	13, 11	13, 16	13, 12	5	13, 16	789
10.	56	van kiekebelt, deborah	can	–	13, 16	12, 63	8	13, 16	789
11.	376	frederick, jane	usa	12, 92	12, 63	12, 69	15	12, 92	775
12.	123	bodner, christine	gdr	12, 31	12, 51	12, 46	3	12, 51	750
13.	87	debourse, marie-christine	fra	11, 86	12, 05	12, 10	16	12, 10	725
14.	13	tillett, lynette	aus	11, 46	10, 51	11, 15	2	11, 46	685
15.	119	wilson, ann	gbr	10, 55	10, 55	10, 86	9	10, 86	647
16.	253	oshikoya, modupe	ngr	9, 66	10, 00	9, 72	12	10, 00	589

Herausgehen nicht erlaubt war. Zwar wollten die Engländer Protest einlegen, aber es klärte sich dann doch so auf, daß keiner einen Schaden davon hatte.
Das Kugelstoßen war bei den Deutschen Meisterschaften einige Wochen vorher bei mir völlig mißlungen. Ich hatte im Training regelmäßig über 13 m gestoßen und wußte, daß ich das konnte, aber im Unterbewußtsein steckte wieder die Angst, daß ich übertreten würde, daß ich den Stoß nicht abfangen könnte. Ich war natürlich zufrieden, als der erste Versuch 13,60 m weit war und der zweite Versuch 13,86 m. Anscheinend war ich wieder zu zufrieden, da der dritte Stoß dann nicht mehr weiter war. Hier spielten Mary Peters und Burglinde Pollack ihre Stärken aus.
Im Hochsprung hatte ich damit gerechnet, daß Burglinde ungefähr 1,70 bis 1,72 m springen würde, und daß Mary Peters 1,75 m springen könnte. Wenn ich 1,65 m springen würde, wäre ich froh gewesen.
Als ich die 1,65 m geschafft hatte, war ich zufrieden, obwohl ich hätte 1,68 m schaffen können. Wahrscheinlich habe ich nicht mehr genügend »Biß« und Spannung ge-

Vorbildlich: Heides Konzentration

2. sept 19:10 olympiastadion

leichtathletik	track and field	athletisme
fuenfkampf	pentathlon	pentathlon
ergebnis	result	resultat
hochsprung gruppe 1---------------	high jump group 1-----------------	saut en hauteur groupe 1----------

				res	st-no	v	sv/sf	pt	
1.	111	peters, mary	gbr	1,82	7	1	14/4	1049	---+
2.	166	mack, karen	ger	1,76	2	1	8/2	993	---+
3.	123	bodner, christine	gdr	1,76	8	1	9/2	993	---+
4.	143	pollak, burglinde	gdr	1,76	10	1	11/4	993	---+
5.	201	papp, margit	hun	1,76	13	2	7/1	993	---+
6.	361	tikhomirova, valentina	urs	1,74	1	1	6/0	974	---+
7.	376	frederick, jane	usa	1,74	6	2	9/3	974	---+
8.	31	anghelova, nedialka	bul	1,68	9	1	4/0	915	---+
8.	56	van kiekebelt, deborah	can	1,68	5	1	4/0	915	---+
10.	253	oshikoya, modupe	ngr	1,68	16	3	5/2	915	---+
11.	20	prokop, liese	aut	1,65	11	1	3/0	885	---+
11.	119	wilson, ann	gbr	1,65	3	1	3/0	885	---+
13.	173	rosendahl, heidemarie	ger	1,65	12	1	4/0	885	---+
13.	362	tkachenko, nadezhda	urs	1,65	4	1	4/0	885	---+
15.	87	debourse, marie-christine	fra	1,65	14	3	4/2	885	---+
16.	13	tillett, lynette	aus	1,60	15	3	6/2	834	---+

v = versuche letzte hoehe/last attempted height
sv/sf = summe versuche/summe-fehlversuche//total attempts/ total failed attempts

hochsprung gruppe 1--------------- high jump group 1----------------- saut en hauteur groupe 1----------

		145	150	155	160	165	168	171	174	176	178	180	182	184
1.	111	o	o	-	-	-	-	//-	-	//-	-	-	-	///
2.	166	o	o	o	-	-	-	-	//-	-	///			
3.	123	o	o	-	-	-	/-	/-	-	-	///			
4.	143	o	o	-	/-	-	//-	-	/-	-	///			
5.	201	o	o	o	-	-	-	-	-	/-	///			
6.	361	o	o	-	-	-	-	-	-	///				
7.	376	o	o	-	-	-	-	//-	/-	///				
8.	31	o	o	-	-	-	-	///						
8.	56	o	o	-	-	-	-	///						
10.	253	o	o	o	-	-	//-	///						
11.	20	o	o	-	-	-	///							
11.	119	o	o	-	-	-	///							
13.	173	o	-	-	-	-	///							
13.	362	o	-	-	-	-	///							
15.	87	o	o	o	-	//-	///							
16.	13	-	-	-	//-	///								

o = ausgelassen / passed
\- = gesprungen / cleared
/ = gerissen / failed

Die beiden Fehlversuche von Pollack (von Heide vorwiegend als Gegnerin gesehen) bei 1,68 m schienen Heides Kampfgeist einzuschläfern.

1

Ein technisch gelungener Sprung. Doch leider entstand diese Aufnahme nicht im olympischen Wettkampf.

habt. Vielleicht hatte ich mich nicht mehr 100%ig auf die Versuche über 1,68 m konzentriert. Burglinde sprang 1,77 m, 4 cm höher als erwartet, und lief mir damit um 40 Punkte mehr weg, als ich gehofft hatte. Wenn Mary Peters 200 Punkte weg ist, kann ich sie auch noch schaffen! Das wäre also mit 1,73 m gewesen.

Mary sprang höher und höher. Als sie 1,76 m und 1,78 m sprang, war ich schon sauer.

Ich war mittlerweise aus dem Wettkampf heraus auf die Tribüne zu Gerd hochgegangen. Ich sagte: »Da kann man ja aufhören, das ist ja schon nicht mehr schön.« Da sprang sie 1,80 m und 1,82 m und ich konnte nicht anders, als mich mit ihr freuen, denn es war so enthusiastisch im Stadion.

Im Grunde habe ich mich zweigeteilt. Als Gegnerin von Mary Peters war mir das natürlich unangenehm, daß sie über 300 Punkte von mir weg war. Auf der anderen Seite – ich kenne Mary Peters seit sehr langer Zeit – habe ich mich für sie als Athletin gefreut, daß ihr dieser Erfolg gelungen ist. Aber irgendwie, nicht nur auf das Zureden von Gerd hin, hatte ich den Mut nicht sinken lassen. Der Fünfkampf ist erst nach 5 Übungen zu Ende und unter dem Strich sieht es oft ganz anders aus. Ich gab mich nicht geschlagen, obwohl ich mittlerweile schon an die 5. Stelle abgerückt war. Auf jedem Fall wollte ich noch eine Medaille holen. Eine Bronze-Medaille hatte ich mir noch ausgerechnet, abends im Bett. Da habe ich natürlich vom Weitsprung geträumt, bin sehr schön und weit gesprungen. Als Morgenmuffel, wie ich mich kannte, wollte ich 6,60 m, vielleicht 6,70 m springen. Wenn Burghilde 6,10 m bis 6,20 m, Mary 5,80 bis 5,90 m springen würden, würde dies bedeuten, daß sie an ihre Bestleistungen herankommen. Wohl im Traum, aber in Wirklichkeit nicht, habe ich geglaubt, daß ich etwa 300 und 200 Punkte Vorsprung irgendwie gewinnen konnte.

Der Weitsprung fing am nächsten Morgen an und Gerd hatte mir den Tip gegeben, mich nicht zu viel zu freuen, wenn der erste Sprung weit sei, selbst wenn er 6,70 m ist. Es geht zu viel Spannung verloren. Es kam so, daß ich im ersten Sprung 6,83 m erreichte. Als ich aus der Grube hüpfte, habe ich sofort an die Worte meines Trainers gedacht: »Freue dich nicht zu viel.« Im zweiten Versuch hatte ich meine Spannkraft wirklich aufgespart und gedacht, »jetzt leg alles rein.« »Wenn du irgendwie verkrampfst oder auf den Balken guckst oder irgend etwas machst, dann kann das auf keinen Fall über 6,83 m werden. Du mußt also ganz locker gelöst springen und trotzdem die volle Kraft hineinlegen.«

Der Sprung ist mir dann auch wirklich ganz gut geglückt. Leider war er einen Hauch übergetreten. Man kann die Weite über die Meßlatte hinweg vergleichen. Er war über 6,90 m – es wäre schon unheimlich schön gewesen . . .

Ich mußte Mary Peters um 1,3 Sek. schlagen und Burglinde Pollack um 0,9 Sek. Ich wußte die Bestzeiten von beiden Läuferinnen. Burglinde war vor einem halben Jahr schon 23,6 Sek. gelaufen, meine Bestzeit stand auf 23,1, das waren 0,5 Sek. Unterschied und Mary Peters hatte eine Bestzeit von 24,2 Sek. Das wären also 1,1 Sek. gewesen und daraus folgend hatte ich mir ausgerechnet, an und für sich eher Mary Peters schlagen zu können. Andererseits wußte ich, daß Mary Peters eine erfahrene Wettkämpferin war,

1

3. sept 12:54 olympiastadion

leichtathletik	track and field	athletisme
fuenfkampf	pentathlon	pentathlon
ergebnis	result	resultat
weitsprung gruppe 1	long jump group 1	saut en longeur groupe 1

				1.	2.	3.	st-no	best	pt
1.	173	rosendahl, heidemarie	ger	6,83	–	6,68	8	6,83	1082
				+2,70	+0,40	+0,60			
2.	13	tillett, lynette	aus	6,44	5,96	–	1	6,44	1001
				+1,30	-2,10	-2,30			
3.	123	bodner, christine	gdr	6,21	6,40	6,35	16	6,40	992
				+1,40	-0,30	-0,60			
4.	31	anghelova, nedialka	bul	–	6,32	–	14	6,32	975
				+1,40	+1,10	+0,80			
5.	119	wilson, ann	gbr	5,92	6,19	6,31	4	6,31	973
				-1,30	-0,80	-0,60			
6.	253	oshikoya, modupe	ngr	–	5,86	6,27	7	6,27	965
				0,00	0,00	+0,20			
7.	143	pollak, burglinde	gdr	5,96	6,21	6,19	5	6,21	952
				+0,60	-0,20	-0,30			
8.	362	tkachenko, nadezhda	urs	6,08	6,18	5,97	9	6,18	945
				+0,20	+3,40	0,00			
9.	361	tikhomirova, valentina	urs	–	6,10	6,15	10	6,15	939
				+1,70	-0,70	+0,70			
10.	166	mack, karen	ger	5,99	6,11	–	6	6,11	930
				+2,60	-0,80	+1,40			
11.	87	debourse, marie-christine	fra	–	6,02	5,98	12	6,02	910
				-0,80	+0,40	-0,60			
12.	56	van kiekebelt, deborah	can	5,71	5,98	5,90	13	5,98	902
				-1,10	+0,40	+0,20			
13.	111	peters, mary	gbr	–	5,90	5,98	2	5,98	902
				+0,20	-0,80	+0,50			
14.	376	frederick, jane	usa	5,60	–	5,54	15	5,60	817
				-0,40	+1,40	-0,50			
15.	201	papp, margit	hun	5,41	5,60	4,08	3	5,60	817
				-1,10	+0,90	0,00			
	20	prokop, liese	aut				11		retr

– = ungueltig / failed

Was die Tabelle nicht ausdrücken kann:
Die Spannung vor der Bekanntgabe
über die Gültigkeit der Sprünge.
2. Versuch Heide: um Millimeter übertreten
3. Versuch Peters: um Millimeter gültig
= mögliche Differenz ca. 15 cm
= 30 Punkte

Das hervorragende Sprintergebnis im 200 m-Lauf des Fünfkampfes konnte Heide nur noch einmal übertreffen: Im Endlauf der 4 x 100 m-Staffel.

1

eine Britin, und die können unwahrscheinlich gut kämpfen. Sie ist eine alte Wettkämpferin und weiß, wie sie ihre Kräfte freimachen kann. Im Endeffekt dachte ich, du mußt schon ein unverschämtes Glück haben, wenn du noch zwischen die beiden kommen willst. Eigentlich kannst du Burglinde nicht um 0,9 Sek. schlagen und die Mary wird so rennen, daß sie es wahrscheinlich doch schafft.

Wir waren alle entsprechend nervös, was verständlich war und waren dann froh, als es los ging. Ich hatte weit vorne Bahn 6, vor mir noch eine Läuferin. Die anderen waren also alle hinter mir. Dies war insofern gut, als ich dadurch eine Taktik mit Gerd besprechen konnte. Ich wollte die Kurve und auch die Gerade volles Tempo laufen und versuchen, den anderen so weit »wegzumarschieren« wie möglich. Sie versuchten natürlich hinterherzulaufen, sahen mich weit vorne, weil ich ja vor ihnen die Bahn hatte und durch die Kurvenvorgabe einen Vorsprung. Sie würden versuchen, schon alles in die Kurve hineinzulegen und vielleicht am Schluß »sterben«. Das war auch der Fall bei Burglinde – aber wie gesagt bei Mary, der Kampfgeist einer Engländerin war nicht zu schlagen.

Ich war $^{8}/_{100}$ oder $^{9}/_{100}$ Sek. zu langsam gelaufen für Mary.

Der Fünfkampf war ein ungeheures Erlebnis für mich. Ich bin am ersten Tag immer etwas schlechter als am zweiten Tag. Vielleicht hat eine Rolle gespielt, daß ich vorher schon den Weitsprung gewonnen hatte und nicht mehr eine so ungeheure Belastung auf mir spürte. Ich muß sagen, daß ich niemals traurig war, den zweiten Platz belegt zu haben, im Gegenteil. Ich war glücklich damit. Ich habe mich sehr gefreut, eben weil dieser Kampf über zwei Tage interessant und spannend war,

200 m lauf 4---------------------- 200 m heat 4---------------------- 200 m serie 4----------------------

				res	bahn/track	punkte/points
1.	173	rosendahl, heidemarie	ger	22,96	6	1041
2.	123	bodner, christine	gdr	23,66	1	970
3.	143	pollak, burglinde	gdr	23,93	2	944
4.	111	peters, mary	gbr	24,08	3	930
5.	361	tikhomirova, valentina	urs	24,25	5	914
6.	31	anghelova, nedialka	bul	24,58	4	884
7.	166	mack, karen	ger	24,72	7	871

wind = -0,60 m/sec

3. sept 17:11 olympiastadion

leichtathletik	track and field	athletisme
fuenfkampf	pentathlon	pentathlon
ergebnis	result	resultat
nach 5 disziplinen----------------	after 5 events---------------------	apres 5 epreuves------------------

				1.	2.	3.	4.	5.	total	
1.	111	peters, mary	gbr	13, 29	16, 20	1, 82	5, 98	24, 08		
				960	960	1049	902	930	4801	nwr nor
2.	173	rosendahl, heidemarie	ger	13, 34	13, 86	1, 65	6, 83	22, 96		
				953	830	885	1082	1041	4791	
3.	143	pollak, burglinde	gdr	13, 53	16, 04	1, 76	6, 21	23, 93		
				927	952	993	952	944	4768	
4.	123	bodner, christine	gdr	13, 25	12, 51	1, 76	6, 40	23, 66		
				966	750	993	992	970	4671	
5.	361	tikhomirova, valentina	urs	13, 77	14, 64	1, 74	6, 15	24, 25		
				895	875	974	939	914	4597	
6.	31	anghelova, nedialka	bul	13, 84	13, 96	1, 68	6, 32	24, 58		
				886	836	915	975	884	4496	
7.	166	mack, karen	ger	14, 45	14, 10	1, 76	6, 11	24, 72		
				811	844	993	930	871	4449	
8.	194	bruzsenyak, ilona	hun	13, 65	12, 48	1, 65	6, 29	24, 35		
				911	749	885	969	905	4419	

ein kribbelndes hochgespanntes Flair an Überraschungen lag über dem Stadion. Der Kampf war so offen, weil keiner damit gerechnet hat, daß Mary Peters in einigen Disziplinen so stark sein würde. Mary hatte immer im Schatten anderer gestanden. Jetzt erst mit 32 bis 33 Jahren war sie großartig zum Zug gekommen. Wer solche Leistungen, so viele Bestleistungen, wer das in einem Fünfkampf erreicht, der muß auch einfach den Olympiasieg im Fünfkampf mit Weltrekord gewinnen. Das ist man dieser Leistung gegenüber an Gerechtigkeit schuldig.

Die Fünfkampf-Sensation:
Die 33jährige Mary Peters schlägt die Favoritin Burglinde Pollack und unsere geheime Goldmedaillen-Hoffnung Heide Rosendahl.

1

Die 4 x 100 m-Staffel

Durch die tragischen Vorfälle wurde der Zeitplan um einen Tag verschoben.
Noch war keine Klarheit, wer überhaupt in der Staffel laufen sollte. Wir hatten vor, mit Elfgard Schittenhelm, Ingrid Mickler-Becker, Annegret Richter und mir zu starten.
Die letzten 3 Positionen waren klar. Die Startläuferin aber, Elfgard, hatte sich wieder eine leichte Verletzung geholt und niemand wollte das Risiko auf sich nehmen, daß sie sich während des Laufes noch einmal verletzte. Vorher sollte ein Test gemacht werden. Zwei Mädchen standen auf Abruf bereit, die statt Elfgard gerne laufen würden, aber wem sollte der Vorzug gegeben werden? Christine Krause, weil sie schon mehrmals in der Staffel gelaufen war und wohl erfahrener war als Annegret Kroniger, bekam den Vorzug. Elfgard hatte ihren Test gemacht und sich dabei so bös verletzt, daß sie gar nicht mehr laufen konnte.
Der Vorlauf klappte nicht besonders. Irgend etwas war nicht in Ordnung, Kleinigkeiten, die man vielleicht gar nicht so genau sieht und die auch hier nicht erwähnt werden brauchen. Wir hatten als Gegner im Vorlauf die DDR! Auf Bahn zwei stand ich, Renate Stecher auf Bahn 4 neben mir. Die Übergabe des Stabes erfolgte fast so wie später im Endlauf, fast zum gleichen Moment. Ich bin aus dem fliegenden Start ein bißchen eher ins Laufen gekommen als Renate, die am Anfang nur sehr kleine Schritte machte und nicht so raumgreifend wie ich lief. Ich hatte dadurch am Anfang mehr Boden gewonnen und merkte bei 50 m, daß sie neben mir lief. Ich lief bis 80 m neben ihr und sagte mir: »Laß sie ruhig laufen, was sollst du dich jetzt anstrengen. Sie soll ruhig das Gefühl haben, daß sie mich schlägt.« Das habe ich also mehr oder weniger im Unterbewußtsein getan, weil ich mir natürlich Gedanken gemacht hatte, wie ich gegen Renate Stecher, wenn es knapp werden sollte, auf den letzten Metern bestehen könnte. Läuferisch fühlte ich mich nach wie vor ihr gegenüber unterlegen. Sie ist eine viel zu starke Läuferin, vor allen Dingen, wenn es vom Startblock abgeht.
Es war ein Glück, daß wir im Vorlauf aufeinander trafen, daß wir das erste Mal gegeneinander liefen. Dadurch entstand für mich eine günstige Situation. Ich habe sie bei 80 m laufen lassen, war mir aber selbst nicht sicher, das muß ich sagen, ob sie ihr volles Tempo durchgelaufen war oder nicht. Wenn dies der Fall war, dann konnte ich noch etwas zulegen, vielleicht... oder vielleicht gleichauf mit ihr bleiben. Das war meine Spekulation, die einzige Möglichkeit, mich taktisch auf den Endlauf einzustellen.
Im Endlauf haben wir fast gleichzeitig den Stab bekommen, es war ein ganz winziges Hundertstel dazwischen. Ich bin wieder durch den größeren Schritt etwas eher weggekommen und hatte Boden gut gemacht. Einen knappen Meter lag ich vor ihr. Wenn es genau wie im Vorlauf kommt – das habe ich auch zu den anderen gesagt – dann hatte ich die einzige Chance, am Anfang voll abzuziehen, sie kommen zu lassen und wieder abzuziehen.
Typisch für ihren Lauf ist, daß sie sich ab 50 m vom Feld distanziert und ab 80 m allen davonläuft.
Ich mußte ihr das Gefühl geben, daß sie herankommt und dann mußte ich wegziehen können. Ja, und wenn es nur bis 80 m ist. Wenn sie mich bei

JUNGHANS
JUNGHANS
173

1

4

7

1

3

6

9

Der dritte und letzte Wechsel in der 4 x 100 m-Staffel:

1: Heide und Renate Stecher starten gleichzeitig und gleich schnell

2: Heide drückt sich mit dem linken, Renate mit dem rechten Bein ab

3: Heides Greifen nach dem Stab paßt zum Armschwung der Sprintbewegung, Renate greift nach hinten, obwohl sie für die Sprintunterstützung nach vorne schwingen müßte. Dadurch verlangsamt sich der Lauf

4 und 5: Beide erhalten gleichzeitig den Stab

6 und 7: Heide hat einen Schritt gewonnen, denn im Gegensatz zur Laufphase von Bild 2 drücken jetzt Heide und Renate beide mit dem linken Bein ab

8 und 9: Nur Optimisten würden aus diesen Bildern schließen, daß Heide gegen Renate Stecher, die 100 und 200 m-Olympiasiegerin, diesen minimalen Vorsprung ins Ziel retten kann.

80 m noch nicht eingeholt hat, dann schlägt sie mich auch nicht mehr, dann verkrampft sie, dann ist sie irgendwo auch nur ein Mensch und hat Nerven. Läuferisch wußte jeder, daß ich sie nicht schlagen konnte.
Es hat mich im Lauf trotzdem verblüfft, daß sie nicht an mir vorbeigekommen ist. Ich merkte bei 50 m, daß sie fast neben mir war und daß sie vorbei wollte. Sie hat sich einfach nicht getraut, da durchzumarschieren. Ich hatte noch die Kraft, die letzten 30 bis 40 m wieder in vollem Tempo abzuziehen. Sie wollte es selbst nicht glauben, daß sie nicht herankommen und vorbeirollen konnte.
Hinterher wurden die Zeiten vom Anzeigegerät abgelesen. Für mich waren es fliegende 10,0 Sek. auf 100 m. Das bedeutet, daß wir normalerweise durch einen Stabwechsel $^{7}/_{10}$ Sek. und bei elektrischer Zeitnahme dazu $^{8}/_{10}$ bis $^{9}/_{10}$ Sek. insgesamt verlieren, daß immer noch eine 100 m-Zeit (selbst bei ungünstigem Start) von 10,9 Sek. für mich zu verzeichnen war.
Es war ein unwahrscheinlich schnelles Rennen, wie die Zeiten bewiesen haben. Und trotzdem behaupte ich, daß ich jedes 100 m-Rennen gegen Renate Stecher verlieren würde, weil ich aus dem Startblock nicht in der Lage bin, so ein Rennen zu laufen und nicht so motiviert wie in einer Staffel bin. Abgesehen davon, kann ich aus dem Hochstart bzw. aus dem fliegenden Start viel besser 100 m laufen als aus dem Tiefstart. Und es kommt eben die Motivation von Olympischen Spielen dazu und die einer Staffel.
Ich habe es einfach nicht glauben können, daß Renate nicht an mir vorbeigelaufen ist. Ich habe mich umgedreht, ich dachte, es sei etwas passiert. Ich sah sie aber kurz hinter mir ins Ziel laufen. Da habe ich erst geschaltet, daß wir gewonnen hatten. Christiane kam auf mich zugelaufen und hat mich umarmt. Bis zur Siegerehrung, wir konnten es überhaupt nicht fassen, sind wir rausgelaufen zu unserem Trainer Wolfgang Thiele und haben unser Glück mit ihm geteilt. Dann kamen Siegerehrung, Dopingkontrolle, Pressekonferenz – der ganze Zauber. Wir waren wirklich froh, als wir abends wieder im Dorf waren.

10. sept 16:01 olympiastadion

leichtathletik	track and field	athletisme
4 x 100 m frauen	4 x 100 m women	4 x 100 m femmes
ergebnis	result	resultat
entscheidung	final	finale

					res	bahn/track	
1.	ger	1	164	krause, christiane	42, 81	4	ewr eor
		2	169	mickler, ingrid			
		3	172	richter, annegret			
		4	173	rosendahl, heidemarie			

1

Sie haben gewonnen:
Ingrid Mickler, Christiane Krause,
Annegret Richter, Heide Rosendahl

Hintergründe einer Medaille

Protokoll

Name
Rosendahl

Vorname
Heide

Beruf
Diplom Sportlehrerin

Anschrift
8 München 19
Nymphenburgerstr. 80c

geb. wann, wo
14.2.1947 in Hückeswagen

1. **Aufgewachsen in**
Radevormwald

Einwohner 20.000

2. **Beruf der Eltern**
Heimleiter

3. **Waren die Eltern sportlich interessiert oder aktiv?**
Sie waren beides. Mein Vater war nach dem Krieg dreimal Deutscher Meister im Diskuswerfen

4. **War Toben in der Wohnung erlaubt, machten die Eltern mit?**
Ja

5. **War ein Garten, ein naher Spielplatz vorhanden und war insgesamt Auslauf möglich?**
Wir hatten verschiedene Wohnungen. Bei der ersten war eine Schule mit großem Schulhof, später wohnten wir an einer verkehrsreichen Straße und suchten uns neues Gelände, wie Wälder, Wiesen und Baugelände.

6. **Wie verlief der Sport in der Schule?**
In der Grundschule war gar nichts. Wir hatten statt dessen Handarbeit. Auf der Oberschule einmal wöchentlich.

7. **Was machten Sie im Verein?**
Meine Mutter be-

2

treute die Kindergruppe im Verein, so nahm sie mich schon als 2-jährige mit und ich habe dann viel geturnt bis zum 10.-11. Lebensjahr. Dann fing der Schulsport an.

8. Wer waren die ersten sportlichen Vorbilder?

Ich glaube, ich hatte nie welche. Ich kann mich auch nicht erinnern.

9. Welche Erlebnisse lösten die eigene aktive sportliche Betätigung aus?

Ich ging oft mit meinem Vater, der zu der Zeit noch aktiv war, auf den Sportplatz und sah andere Jungen und Mädchen, die älter waren als ich, beim Üben von leichtathl. Disziplinen. Ich konnte nie still sitzen und zuschauen; also habe ich überall mitgemacht und war bald besser als sie. Außerdem fingen in der Oberschule die ersten Wettkämpfe an, wo ich gut abschnitt.

10. Was trieben die Spielkameraden?

Wir spielten alle Kinderspiele wie „Fangen" und „Verstecken" und viel Fußball.

11. Wie kam es zum ersten Wettkampf?

Das waren die Bundesjugendspiele.

12. Was waren die ersten gemessenen Ergebnisse und wann?

Mein erstes Ergebniß hatte ich mit 7 Jahren, als ich 3,71m sprang, später dann die Schulkämpfe

13. Erinnern Sie sich an die erste Zeitungsmeldung über Sie?

Das war in der lokalen Presse, wo ich als Tochter von dem Diskuswerfer Heinz Rosendahl erwähnt wurde, weil ich Mehrkämpfe (Turnen + Leichtathl.) gewonnen hatte

14. Ab wann kann man vom regelmäßigen Training sprechen?

Seit dem 15.-16. Lebensjahr. Einmal durch die Trainingsgruppen im Verein und Kreis und die Lehrgänge des Landesverbandes Niederrhein.

15. Welche Ziele hatten Sie sich für die sportliche Leistung gesetzt und was waren Ihre Wunschträume?

Da hatte ich nie genau drüber nachgedacht. Ich wollte an Olympischen Spielen teilnehmen.

16. Was, außer der Goldmedaille, ist Ihr wertvollster sportlicher Erfolg? Der Weltrekord im Weitsprung

17. Über welchen Erfolg freuten Sie sich am meisten?

Die Wettkämpfe in München bei den Olymp. Spielen.

18. Welche sportlichen Vorbilder haben in Ihrer Karriere bis heute eine Rolle gespielt?

Keine

19. Welche Trainer hatten Sie und was verdanken Sie Ihnen?

Gerd Osenberg. Ich verdanke ihm besonders, daß er mich zur absoluten Leistungsspitze gebracht hat

2

Mein Vater munterte mich oft auf

20. Haben Sie schon Ärger gehabt mit Funktionären, Journalisten?

Mit Journalisten. Während der Wettkampfspannung (vor und nach dem Wettkampf) möchte ich meine Ruhe haben, und nicht alle haben Verständnis dafür.

21. Wie hat sich Ihre Trainingseinstellung entwickelt?

Ich wollte mein Leistungsvermögen erforschen und wollte besser sein.

22. Was machen Sie nach Ende der sportlichen Karriere?

Ich werde mich meiner zweiten Berufsausbildung widmen, der Innenarchitektur.

23. Haben Sie Ihre sportlichen Möglichkeiten nach Ihrer Meinung schon voll ausgeschöpft?

Wenn ich nur eine Disziplin bestritten und dafür trainiert hätte, wären vielleicht bessere Leistungen herausgekommen, aber mir hätte es nicht so viel Spaß gemacht. In der Vielseitigkeit lag und liegt für mich der Reiz.

24. Was halten Sie von den Gegnern des Leistungssports?

Ich glaube, diese Menschen denken einseitig. Sie müßten bei Konsequentheit jeglichem Leistungsstreben absprechen.

25. Wie kam es zu Ihrer Berufswahl?

Nach der Schule stand ich zwischen zwei Wünschen. Sport und Innenarchitektur. Der Sport hat wegen des Leistungssport zunächst den Vorrang bekommen und ich habe gerne Sport unterrichtet.

26. Schildern Sie kurz Ihre berufliche Entwicklung.

Ich habe 4 Jahre in Köln Sport studiert
Abschluß: Diplom
War 3 Jahre als Lehrkraft an der Dt. Sporthochschule in Köln tätig und studiere jetzt Innenarchitektur.

27. Welche privaten Betätigungen bestanden neben Sport und Beruf?

Kunstgewerbliche Dinge, andere Sportarten, Musik (9 Jahre Klavierunterricht), Tiere und Briefmarken

(Die nächsten Fragen stammen aus dem Freiburger Persönlichkeitsinventar FPI-B)

2

	stimmt	stimmt nicht
28. Ab und zu lache ich über einen unanständigen Witz.	X	
29. Ich träume tagsüber mehr als für mich gut ist.		X
30. Im Umgang mit anderen Menschen bin ich ungeschickt.		X
31. Wenn ich so zurückblicke auf das, was mir alles begegnet ist, bin ich mit meinem Schicksal nicht ganz zufrieden.		X
32. Ich kann mich in der Regel schnell und sicher entscheiden.	X	
33. Fast jede Woche treffe ich jemanden, den ich nicht leiden kann.	X	
34. Ich tue vieles, was ich hinterher bereue.		X
35. Ab und zu erzähle ich auch mal eine Lüge.	X	
36. Schon die Möglichkeit, daß ich Pech haben könnte, regt mich manchmal auf.		X
37. Ich kann nicht jeden leiden, den ich kenne.	X	
38. In Gesellschaft ist mein Benehmen meistens besser als zu Hause.		X
39. Ich habe nur wenige gute Bekannte.		X
40. Nach einer Party habe ich oft Lust, mit den anderen noch irgendwie Leute zu ärgern.	X	
41. Ich bekomme vor bestimmten Ereignissen leicht Lampenfieber und körperliche Unruhe.		X
42. Oft ärgere ich mich zu schnell über andere.	X	
43. Ich spreche manchmal über Dinge, von denen ich nichts verstehe.		X
44. Über Enttäuschungen komme ich ziemlich leicht hinweg.	X	X
45. Manchmal sehne ich mich richtig nach einer Aufregung.	X	

2

Vereinsgemeinschaft als Basis

Wenn aus den zahlreichen Faktoren – Talent, richtiges Training, Motivation, Freude usw. –, die zu einer Höchstleistung notwendig sind, die wesentlichen beschrieben werden sollen, dann darf die Gemeinschaft nicht unerwähnt bleiben, in der ein Athlet den größten Teil seiner Vorbereitungen trifft. Bei Heides Vorbereitung gaben die Vereine TSV Schwarz-Weiß Radevormwald und TuS 04 Bayer Leverkusen die notwendige Hilfestellung.
Bis zum Frühjahr 1966 war der TSV die große Familie, in der Heides Vater die Leichtahtletik-Abteilung führte, in der die Mutter im Kinderturnen engagiert war, in der der Vorsitzende Helmut Holzmann ein väterlicher Freund und die Schul- und Spielkameraden auch die Sportkameraden waren. Da ich als Sportler und Trainer zu dieser Familie seit 1949 gehöre, liegt die Frage nahe, warum diese Gemeinschaft aufgegeben wurde und Heide 1966 – im Jahr des Gewinnes der Europavizemeisterschaft im Fünfkampf – zum TuS 04 Bayer Leverkusen überwechselte.
Unabhängig voneinander waren es die beruflichen Wege, die mich als Trainer nach Leverkusen führten und Heide zur Sporthochschule nach Köln. Heides Training war durch die räumliche Entfernung von Radevormwald nicht mehr gesichert. Da zudem die damals bestehenden Trainingsgemeinschaften zerfielen, ergab sich die Notwendigkeit, wieder einen festen Ort und eine Gruppe zu suchen, die die gleichen Bedingungen einer Sportfamilie wie der TSV Schwarz-Weiß Radevormwald erfüllte. Dieser familiäre Hintergrund bestand beim TuS 04 Bayer Leverkusen besonders deshalb, weil sich die Vereinsführung auf die Aktiven einzustellen verstand. Beim Aufbau einer Gemeinschaft der Sportlerinnen half Heide selbst mit. Einige ihrer Freundinnen, die sie in Jugendwettkämpfen kennengelernt hatte, kamen ebenso nach Leverkusen, wie die neuen Sportkameradinnen, die sie an der Sporthochschule in Köln fand.

Die äußeren Bedingungen für das Zustandekommen einer guten Gemeinschaft sind in Leverkusen ideal. Wir haben ein Vereinsheim mit Kegelbahn, dazu eine vereinseigene Jugendherberge, in der gemeinsame Abteilungsabende stattfinden können, und wir besitzen außerdem eine vereinseigene Anlage, auf der zu jeder Tageszeit trainiert werden kann. Was sich aber im Laufe der Jahre als ganz entscheidend für die sportliche Entwicklung Heides und ihrer Kameradinnen erwies, war das Geschick des ersten Vorsitzenden (Dr. Herbert Weber), den Leistungssport in die Gemeinschaft des Gesamtvereins einzugliedern, so daß die Gefahr der Isolierung der Besten erst gar nicht aufkam.
Beim TuS 04 Bayer Leverkusen werden alle Probleme des Leistungssports verstanden und deshalb auch richtig gelöst. Das Leistungsstreben ist so selbstverständlich geworden, daß Starallüren oder andere Fehlentwicklungen beinahe ausgeschlossen sind. Auf beide Vereine, den TSV Schwarz-Weiß Radevormwald und den TuS 04 Bayer Leverkusen, ist Heide stolz; sie fühlt sich unter ihren Mitgliedern zuhause.

»ich habe nichts gegen Heide ...«

Das Ende einer langen Rivalität. Die Freude über den gemeinsam errungenen Sieg.

2

Heide und Ingrid – Rivalinnen

In anderen Kapiteln dieses Buches wird auf die sportlichen Leistungen von Ingrid Mickler-Becker hingewiesen. Einmal werden sie aufgezeigt als Leistungsmotivation, um Ingrid im Wettkampf zu besiegen, zum anderen als statistische Analyse der Wettkämpfe, die diese beiden großen Athletinnen miteinander bestritten.

Betrachtet man die Hintergründe der Medaillen, so kommt man nicht umhin, noch einmal über Ingrid zu sprechen und die Rivalität zwischen Heide und Ingrid, ihre Notwendigkeit und Grenzen, aufzuzeigen.

In einem Gespräch, das ich vor einigen Jahren mit Ingrid in Fulda führte und das neben anderen Themen auch den Punkt der Rivalität zu Heide berührte, bekannte Ingrid, daß sie aufgrund ihrer Wettkampferfahrungen mit Helga Hoffmann eine Gegnerschaft zu Heide in sich selbst aufbauen mußte. »Helga Hoffmann ist meine Freundin, und ich habe mich mehr über ihre Leistungen gefreut als über meine eigenen. Deshalb konnte ich sie nicht schlagen, obwohl ich leistungsmäßig stärker war. Das sollte mir bei Heide nicht passieren.«

Ingrid gab auch offen zu, daß sich diese Gegnerschaft im Verhalten vor Wettkämpfen allmählich aufbauen mußte und betonte nachdrücklich, »ich habe nichts gegen Heide und ich könnte mich auch gut mit ihr verstehen, aber der Wettkampf ist nicht auf den Sprung allein zu isolieren.«

Während Heide als Jugendliche einige Male im Winter in Lehrgängen zusammen mit Ingrid trainierte, erkannte ich aus ihren Schilderungen, daß sie in die Gefahr geriet, Ingrid in manchen Dingen als Vorbild zu sehen. Dazu gehörte u. a. auch eine lässige Trainingsauffassung während des Lehrganges. Eine solche Einstellung durfte bei Heide gar nicht erst aufkommen. Deshalb machte ich ihr klar, daß Ingrid sie über ihren wahren Trainingsumfang in Ungewißheit lassen wolle, um sie zum Faulenzen zu verleiten. Ich unterstellte Ingrid eine böse Absicht, die sie, ohne konkrete Ereignisse anzusprechen, in Fulda geschildert und begründet hatte. Auf diese Weise brachte ich bei Heide ein gesundes Mißtrauen zu Ingrids Verhalten. Diese Wachsamkeit konnte ich vielfach ansprechen, beispielsweise beim Bemühen um Weltrekordleistungen im Weitsprung. Selbst Heides Entschluß, sich um die Position der Schlußläuferin in der 4 x 100 m-Staffel für München zu bewerben, konnte ich dadurch erleichtern, daß ich sie auf Ingrids Erfolge in der Staffel bei den Europameisterschaften 1971 in Helsinki hinwies.

Was Ingrid konnte oder erreichte, sollte und wollte Heide übertreffen. Aus der Rückschau muß man sagen: in diesem Duell hat es nur Siegerinnen gegeben. Beide wurden 2-fache Goldmedaillen-Gewinnerinnen. Wie der Ausklang eines langen schönen Wettkampfes war der gemeinsame Sieg in München, und wie eine Befreiung aus der Rivalität mag für beide die gemeinsame Freude gewesen sein.

Die Weitsprung-Duelle Rosendahl – Mickler

(Quelle: LEICHTATHLETIK Nr. 6/73)

Berlin, 9. 8. 64 (Deutsche Meisterschaften):

Hoffmann 6,33, Sander 6,22, Wildemann 6,06, Becker 6,05, Herms 5,97, Palmie 5,92, Weimar 5,87, Rosendahl 5,87.

Hannover, 7. 8. 66 (Deutsche Meisterschaften):

Hoffmann 6,34w, Sander 6,18w, Rosendahl 6,16w, Künzel 6,15w, Becker 6,04w.

Gladbeck, 14. 8. 66 (Qualifikationskämpfe für Budapest):

Hoffmann 6,03, Künzel 5,98, Rosendahl 5,97, Becker 5,97.

Stuttgart, 6. 8. 67 (Deutsche Meisterschaften):

Becker 6,65w, Rosendahl 6,31w, Künzel 6,30w, Gerbracht 6,10w, Bechtel 6,07w, Weimar 6,02w.

Leverkusen, 10. 9. 67 (Deutsche Mehrkampfmeisterschaften):

Im Fünfkampf: Becker 6,26, Rosendahl 6,01.

Zürich, 2. 7. 68:

Berthelsen (Norwegen) 6,48, Viscopoleanu (Rumänien) 6,46, Rosendahl 6,35, Becker 6,18, Kucmanova (CSSR) 6,07.

Osnabrück, 30. 6. 68 (Länderkampf):

Viscopoleanu (Rumänien) 6,44, Becker 6,22, Rosendahl 6,21, Bakker (Niederlande) 6,15, Jansen (Niederlande) 6,09, Vintila (Rumänien) 6,09.

Geretsried, 21. 7. 68 (Länderkampf):

Rosendahl 6,50, Becker 6,39, Ducas (Frankreich) 6,10, Canguio (Frankreich) 6,08.

London, 3. 8. 68 (Länderkampf):

Rosendahl 6,45, Sherwood (GB) 6,43, Becker 6,31, Barton (GB) 6,22. Im Fünfkampf: Rosendahl 6,45, Wilson (GB) 6,32, Becker 6,17, Bornholdt 6,01, Peters (GB) 5,73.

Berlin, 17. 8. 68 (Deutsche Meisterschaften):

Rosendahl 6,62 (Becker in der Ausscheidung Achte mit 5,88 und damit nicht für den Endkampf qualifiziert).

2

Hannover, 1. 9. 68 (Deutsche Mehrkampf-Meisterschaften):

Becker 6,52w, Rosendahl 6,48w (beide im Fünfkampf).

Ludwigshafen, 5. 9. 68:

Rosendahl 6,42, Becker 6,26, Bornholdt 6,12, Welsch 5,89.

Mexiko, 14. 10. 68 (Olympische Spiele):

Viscopoleanu (Rumänien) 6,82 (WR), Sherwood (GB) 6,68, Talyschewa (SU) 6,66, Wieczorek (DDR) 6,48, Salacinska (Polen) 6,47, Becker 6,43, Berthelsen (Norwegen) 6,40, Rosendahl 6,40.

Augsburg, 6. 8. 69 (Länderkampf):

Rosendahl 6,39, Becker 6,32, Watson (USA) 6,19, White (USA) 6,17.

Düsseldorf, 17. 8. 69 (Deutsche Meisterschaften):

Rosendahl 6,48w, Becker 6,40w, Krämer 6,13w, Herzog 6,02w, Wagner 5,89w, Irrgang 5,74w.
Stuttgart, 16. 7. 70 (Länderkampf):

Stuttgart, 16. 7. 70 (Länderkampf):

Rosendahl 6,64, Mickler 6,55, White (USA) 6,15, Betts (USA) 5,84.

Berlin, 9. 8. 70 (Deutsche Meisterschaften):

Rosendahl 6,72, Mickler 6,57, Schüller 6,22, Krämer 6,16, Herzog 6,13, Jacob 5,98, Hindemit 5,94, Dienstel 5,84.

Leverkusen, 18. 8. 70:

Rosendahl 6,53, Mickler 6,28.

Stuttgart, 13. 9. 70 (Deutsche Mehrkampf-Meisterschaften):

Rosendahl 6,58, Mickler 6,51 (im Fünfkampf).

Mainz, 19. 9. 70 (DMM-Endkampf):

Rosendahl 6,81, Mickler 6,73, Herzog 6,21.

Mayen, 27. 9. 70:

Rosendahl 6,68, Mickler 6,67.

Stuttgart, 15. 7. 71 (Deutsche Meisterschaften):

Rosendahl 6,69, Mickler 6,62, Herzog 6,60, Roesen 6,42, Schmiedel 6,36, Göhrs 6,34, Hindemit 6,09 (A 6,12), Engelberg 6,07 (A 6,20).

Helsinki, 13. 8. 71 (Europameisterschaften):

Mickler 6,76, Antenen (Schweiz) 6,73, Rosendahl 6,66, Sherwood (GB) 6,62, Szewinska (Polen) 6,62, Viscopoleanu (Rumänien) 6,39, Herzog 6,38, Barrett (GB) 6,31.

London, 28. 8. 71 (Länderkampf):

Sherwood (GB) 6,64w, Rosendahl 6,63w, Mickler 6,50w (außer Wertung eingesetzt), Barrett (GB) 6,24w, Roesen 5,97w.

Kiew, 19. 9. 71 (Länderkampf):

Mickler 6,66, Rosendahl 6,60, Ringa (SU) 6,41, Smirnowa (SU) 6,30.

München, 23. 7. 72 (Deutsche Meisterschaften):

Rosendahl 6,72, Schüller 6,43, Göhrs 6,31, Mickler 6,25, Nolte 6,22, Herzog 6,15, Schmiedel 6,07, Ibing 6,06.

Zürich, 13. 8. 72 (Länderkampf):

Rosendahl 6,51, Schüller 6,34, Ammann (Schweiz) 6,27, Mickler 6,24, Antenen (Schweiz) 6,02, Lardi (Schweiz) 5,72.

München, 31. 8. 72 (Olympische Spiele):

Qualifikation: Rosendahl 6,62, Mickler keinen gültigen Versuch.

Das Training

Der Mensch steht im Mittelpunkt, nicht Trainingspläne

Hilfen durch Meßwerte

Ich gebe als Trainer oft Anweisungen, die schwer zu begründen sind. Manchmal wird mir nach langer Zeit erst bewußt, warum das eine oder andere Trainingsmittel besonders gut war.
Diese Tatsache wurde mir insbesondere bei Gesprächen mit russischen Trainern deutlich, die mich nach Trainingsprinzipien und Trainingsaufbau, nach Plänen und Trainingsperioden fragten. Sie ist mir wiederum besonders vor Augen gestellt worden, als ich mir Gedanken zu Heides Training und über das Zustandekommen ihres Olympiasieges machen sollte.
Im Gegensatz zu dieser eigenen kritischen Aussage über Trainingsangaben, bin ich sicherlich ein fast zu nüchterner, analysierender Naturwissenschaftler, der sehr viele Hilfen bei der Vorstellung von technischen Bewegungsabläufen oder Kraftkomponenten von den physikalischen Aussagen ableitet oder

Nicht nur beschirmen, sondern auch abschirmen:
Heide und ihr Trainer Gerd Osenberg bleiben auch in den Pausen eines Mehrkampfes auf die noch bevorstehenden Aufgaben konzentriert.

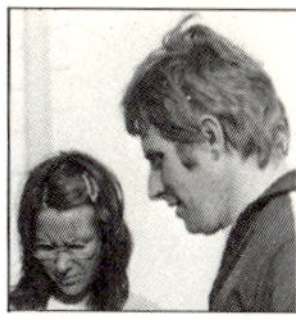

3

biologische Gesetzmäßigkeiten der Anpassung an gestellte Aufgaben zu erkennen sucht und dabei exakte Meßmethoden zur Hilfe nimmt.
So entwickelten für unser Training schon vor einigen Jahren Ingenieure der Bayer-Werke eine Lichtschranken-Zeitmessung die $^1/_{1000}$ Sek. genau registriert, weil der Begriff »Schnellkrafttraining« nicht zu ergründen war. Von nun an konnte festgestellt werden, wie schnell eine Hantel vom Boden hochgerissen wird. Auf diesem Weg wurde ein Maßstab für den Trainingszustand eines Athleten bezüglich der Schnellkraft gefunden.
Diese Bemühungen um wissenschaftliche Arbeitsweise lassen sich fortsetzen. Wir filmten beispielsweise Bewegungsabläufe mit Spezialkameras, die bis zu 2000 Bilder in der Sekunde aufnehmen können; Videorecorder kontrollieren bestimmte Bewegungsabläufe; Reaktionszeiten bei Starts werden gemessen, um die Schulung dieses Bereiches kontrollierbar zu machen.

Es gibt kein allgemein gültiges Rezept

Trotz aller dieser Bemühungen kann ich keine festgelegten Pläne vorlegen und damit auch keine schriftliche Begründung geben für das Training einer bestimmten leichtathletischen Übung z. B. des Weitsprungs oder des Fünfkampfes oder des Mittelstreckenlaufes. Natürlich kann man den Weitsprung beschreiben oder das Diskuswerfen. Selbstverständlich hat der Trainer auch eine ganz fest umrissene Vorstellung, wie die denkbar beste Ausführung einer solchen Übung aussieht. Ich habe auch die Fähigkeit, Abweichungen von dieser Idealform festzustellen und zu begründen.
Trotzdem muß ich ehrlich bekennen: »Ich habe noch keinen Trainingsplan gefunden, der sagt, wie man Weitsprung trainiert, d. h. wie ein Training aussehen m u ß. Ich kann hier kein Rezept vorlegen und behaupten, wer nach meinem Plan trainiert, wird seine Leistungsgrenze in dieser Übung erreichen.
Ich habe zwar in einigen Bereichen Trainingspläne aufgestellt, z. B. für das Krafttraining oder für das Lauftraining, aber ich gebe zu, daß diese Pläne nur eine Hilfe waren in meinen organisatorischen Schwierigkeiten vor den Olympischen Spielen. Sie hatten sich dadurch eingestellt, daß ich in 10 verschiedenen leichtathletischen Disziplinen Olympiateilnehmerinnen vorzubereiten hatte. Ideal waren diese Pläne nicht und sie sind schon heute wieder beiseite gelegt.
Auch wenn ich weiterhin unfreundlich oder gar unglaubwürdig erscheine, ich kann den Bitten vieler Athleten oder deren Trainer nicht folgen und ihnen einen Trainingsplan erstellen.
Ich habe lange darüber nachgedacht, ob ich diese meine »Lücke« in diesem Buch zugeben solle. Erst nach langem Nachdenken und durch ernstes Forschen bin ich in meinem Trainerverhalten darauf gestoßen, daß diese Lücke möglicherweise eine nachahmenswerte Stärke ist. Erfahrene Trainer sollten das beurteilen.

Statt Lücke – Stärke

Ich sage statt Lücke – Stärke, weil ich nicht den Weitsprung, sondern Heide Rosendahl in den Mittelpunkt all meiner Trainingsüberlegungen stellte. Man kann es noch klarer ausdrücken: Heide wollte von mir zu einer guten Leistung gebracht werden, sie hat mir diese Aufgabe übertragen. Dennoch weiß Heide besser als ich, was Weitsprung ist, weil sie ihn erlebt hat.

Ich will versuchen, an Hand von Beispielen diesen Unterschied zu verdeutlichen:

Verhalten des Trainers

Zunächst sollen die wichtigsten Aufgaben skizziert werden, die ich als Trainer in einem Training zu bewältigen habe. An erster Stelle ist zunächst die Zeit von der Begrüßung bis zur Aufgabenstellung des Trainings zu nennen.

In wenigen Augenblicken muß man als Trainer sehr viel **erfahren, erfühlen, eingliedern und begründen.** Man muß erkennen, in welcher psychischen Verfassung der Athlet ist, ob er übermütig ist, gereizt, wortkarg oder unterhaltend. Drücken ihn Sorgen, muß der Trainer die Zeit haben, sie anzuhören; ebenso muß er Anteil nehmen an seiner Freude, die der Athlet mitteilen möchte. Man muß seine körperliche Verfassung erfragen, mögliche Schmerzen in der Muskulatur oder in den Gelenken richtig einschätzen, muß erkennen, in welche Trainingsgemeinschaft er gehört und ob die anderen Athleten gerade heute zu Wettkampfimitationen bereit sind. Man muß die Wirkung des letzten Trainings wissen, muß Trainingseifer wecken oder bremsen, indem z. B. die Leistung der Gegner gelobt oder verharmlost wird. Der Trainer muß Müdigkeit zu überwinden wissen durch eigene Lebendigkeit. Er muß die Lust zu einer bestimmten Betätigung mit der Notwendigkeit abstimmen, muß die nächste sportliche Anforderung ebenso bedenken, wie er diese Anforderung in den großen Rahmen einer Olympiavorbereitung stellen muß. Kurzum: Dieses erste Zusammentreffen am Trainingstag entscheidet maßgeblich über das Gelingen eines Trainings.

Keine Standardübungen

Als zweites Beispiel spreche ich den Bereich der Gelöstheit, der Entspannungsfähigkeit der Muskelgruppen an, die nicht unmittelbar an der Ausübung einer Bewegung beteiligt sind. Ohne Frage weiß jeder Fachmann die Wichtigkeit dieser Faktoren einzuschätzen und jeder Zuschauer wird von der scheinbaren Leichtigkeit und Gelöstheit perfekter Bewegungen angezogen und oft wohl auch begeistert. Aber es gibt keine Meßmethode für Lockerheit, keine allgemein gültigen Standardübungen, diese zu Weltklasseleistungen notwendigen Voraussetzungen zu schaffen. Es bleibt vornehmlich das eigene Muskelempfinden des Athleten und die Hinführung zum eigenen Empfinden durch den Trainer, der diese Aufgabe – Lockerheit, Gelöstheit – zu vermitteln, nur durch dauernde Beobachtung und Korrektur erreichen kann.

Weitsprung als Beispiel

Nehmen wir wieder den Weitsprung als Beispiel: Der Anlauf soll die größtmögliche Geschwindigkeit er-

Die Kopfhaltung, der Armschwung, die Hüftstreckung, der Ballenabdruck, der Schwungknieeinsatz: hervorragend, wie Heide sich einläuft.

reichen, weil sich aus dieser Energiequelle mehr als 90% der Sprungweite ergeben. Ein maximaler Absprung kann wiederum nur aus einer maximalen Sprungvorbereitung erfolgen. Das setzt eine Gelöstheit der Muskelpartien voraus, die als Schwungelemente (Schwungbein, Arme) leistungsunterstützend zum Einsatz kommen. Das Problem beim Weitsprung liegt in der Synthese: Entspannung muß sein, Verminderung der Geschwindigkeit sollte nicht sein.
Es gibt viele Springer, die durch ein sogenanntes Treibenlassen wenige Schritte vor dem Absprung diese Sprungvorbereitung finden und zu einem technisch sehr guten Sprung kommen. Aber mit der Weite ist es dann schlechter bestellt. Andere wiederum sind sehr schnell und suchen – obwohl Sprungkraft vorhanden ist – lange vergeblich diese Schnelligkeit zu übersetzen (wie es in der Fachsprache heißt), besser gesagt: in Sprungweite umzusetzen. Die Aufgabe des Trainers, Gelöstheit bei Maximalanstrengung zu erlangen, ist nur durch Ausweitung dieser Aufgabenstellung auf alle Trainingsmittel zu erreichen.

Einstimmung gefühlsmäßig

Schon das Einlaufen ist sorgfältig zu beobachten, weil hier sehr leicht die gefühlsmäßige Einstimmung in das bevorstehende Training verpaßt werden kann. Ich beurteile oft die mögliche Trainingsbelastung schon während des Einlaufens. Man kann zusammenfassend sagen, daß die wichtige Detailkorrektur schwerlich in Trainingsplänen berücksichtigt oder gar ausgedrückt werden kann. Zu diesem Punkt der Trainerarbeit ist zu sagen, daß mit zunehmender Leistungsstärke des Athleten diese angestrebte Muskelsensibilität wächst. Eine Athletin wie Heide Rosendahl war in dieser Hinsicht in den letzten Jahren sehr einfach zu trainieren. Sie findet von sich aus das rechte Maß der Belastung und sie kann ein Fehlverhalten bei Bewegungsabläufen selbst angeben und korrigieren. Oft genügt ihr zur Sicherheit nur die Bestätigung des Trainers oder durch entsprechende Fragestellung die Mobilisierung der Konzentration.
Dieses hohe Eigenempfinden macht allerdings dem Athleten die Güte der Trainingsangabe auch kontrollierbarer. Gute Athleten zwingen somit einen Trainer zur äußersten Konzentration. Aus dieser Sicht heraus ist es verständlich, daß kein guter Athlet sich selbst und den Trainer während eines Trainings gestört sehen will. Viele Reporter oder Zuschauer werden die Bitte, auch in den Pausen zwischen den Übungen nicht gestört zu werden, als Starallüren ausgelegt haben – was es wirklich nicht war.

Wechselspiel zwischen Spannung und Entspannung

Gerade um das **wellenmäßige Spiel von Spannung und Entspannung richtig einzuschätzen,** bedarf es des Mitempfindens der vollziehbaren Bewegung. Das ist nur möglich, wenn eigene Gelöstheit die Aufnahme von Bewegungsrhythmus ermöglicht. Sicher ist deshalb, daß ich mich als »schlechter Trainer« empfinden muß, wenn ich müde bin oder gereizt, oder durch irgend was gestört werde. Andererseits bedeutet das für mich, daß ich mich auf große Wettkämpfe ebenso vorbereite; darum bin ich für keine anderen Probleme aufgeschlossen, ich gehe früh schlafen und esse kontrollierter als an anderen Tagen. Deshalb muß ich an dieser Stelle auch zugeben, daß ich nach dem schrecklichen Attentat in München auf die israelischen Sportkameraden derart aus meiner Wettkampfvorbereitung herausgerissen wurde, daß ich unmittelbar danach meinen noch am Wettkampf teilnehmenden Athletinnen in München kein guter Betreuer mehr sein konnte.
Auch im Gesamtverhalten sollte man den Athleten in ein Wechselspiel von Gelöstheit und Aggressionsbereitschaft bringen. Geistige Spritzigkeit, gekoppelt mit lustiger Lässigkeit müssen erhalten werden. Niemand konnte auf der Suche nach dieser Stimmung mehr gestört werden durch Terror und Blut als so hochsensible Athletinnen wie Liesel Westermann und Ellen Tittel.

Das Trainingsgespräch

ist die Weitergabe von Bewegungsempfinden, von Rhythmus usw. an gute Athleten für einen Trainer sehr

 3

Ein wichtiges Trainingsmittel:
Die richtige Einschätzung der Leistungen
der Gegner

viel leichter als an heranreifende Sportler, so ist das Trainingsgespräch, bei dem man sich über eine bestimmte Bewegungsform oder ihre Korrektur klar werden muß, sehr viel schwieriger.
Mit Heide wurden diese Gespräche vielfach zu Diskussionen, die sehr oft mit einem Kompromiß endeten. Mitunter braucht Heide den Mißerfolgt, um Korrekturen hinnehmen zu können. Es kam vor, daß ich mich dabei ertappte, wie ich Heides Begründungen an andere weitergab, obwohl ich sie gerade noch zurückgewiesen hatte.
Dazu ein Beispiel aus dem Sprungkrafttraining: Wir hatten neue waldbodenähnliche Matten gekauft, um Gelenke und Sehnen zu schonen. Das ist für alle eine angenehme Entlastung bei Sprungserien über die Hürden. Heide lehnte von vornherein diese Matten ab mit der Begründung, der Sprung würde zu langsam. Hätte Heide die Sprünge auf der Matte versucht, hätte ich ihr Argument sicherlich ernster genommen. In der Zwischenzeit habe ich erkannt, daß solche Matten zwar einen großen Kraftzuwachs vermitteln, aber auch Heide hatte recht: die Sprünge wurden tatsächlich langsamer, so daß ich im Einzelfall entscheiden mußte, welcher Vorteil überwog. Dennoch weiß ich bis heute nicht sicher, ob Heides Reaktion ein intuitives Erkennen war oder die Freude an der Herausforderung.
Kommt man zurück zum Trainingsgespräch über Bewegungsvorstellung und Fehlerkorrektur, so muß man von diesem Trainingsmittel, das mit sehr viel Geduld und Hartnäckigkeit an den Athleten herangetragen werden muß, ebenfalls sagen, daß es in einem Trainingsplan nicht unterzubringen sondern ausschließlich von der Person, deren Aufnahmefähigkeit, Vorstellungsvermögen, Intellekt usw. abhängig ist.
Diese drei Faktoren allein: das vorbereitende Gespräch, die Weitergabe von Bewegungsempfinden und das Schaffen eines Bewegungsbildes mit Korrekturmöglichkeiten sind derart personengebunden, daß ich glaube, schon hiermit meine Forderung begründet zu haben: Der Mensch – nicht ein System steht im Mittelpunkt meines Trainings. Oder: Der Mensch beherrscht das System.

Über Grenzen im Leistungssport

Viele Themen, die die Olympischen Spiele zum Inhalt haben, beschäftigen sich mit Superlativen. Es sind die hohen Kosten gleichermaßen im Gespräch wie das weltweite Interesse, die Zuschauerzahlen wie die sportlichen Rekorde. Sehr oft wird die Frage an den Trainer gestellt, ob dieses Leistungsstreben im Sport nicht bereits im Begriff sei, Grenzen zu überschreiten.
Zur Beantwortung dieser Frage sollen von den vielen Möglichkeiten zwei Aspekte hervorgehoben werden:

- Wie kommt es zu Leistungsverbesserungen?
- Welche Grenzen muß der Trainer festlegen, bei deren Überschreitung weiteres Leistungsstreben abzulehnen ist?

Um nicht in ermüdendes geschichtliches Reflektieren zu verfallen, soll die erste Frage in zwei mögliche Teilfragen aufgegliedert werden: Kommt es zu Leistungsverbesserungen durch höheres Leistungs-

streben oder durch Verbesserung der Trainings- und Wettkampfbedingungen?
Das Streben nach Leistung ist eine dem Menschen eigene Verhaltensweise. Es kommt und kam zu allen Zeiten in allen Lebensbereichen in den unterschiedlichsten Formen an Intensivität vor. Ohne dieses Streben nach mehr, größer, besser ist der derzeitige Zivilisationsstand der Menschheit nicht vorstellbar. Sitten, Gesetze, Technik und Intellekt beweisen es.
Wenn die Frage beantwortet werden soll: »Kommt es zu Leistungsverbesserungen durch höheres Leistungsstreben?«. Dann ist zuvor die Frage zu stellen:
»Ist eine Änderung dieser speziellen Verhaltensweise des Menschen erkennbar?«
Das Streben nach höher, weiter, schneller war zu keiner Zeit geringer als heute.
Kitei Son, der Olympiasieger 1936 im Marathonlauf hat sich bis zur Erschöpfung ausgegeben, ebenso wie Willi Holdorf 1964 in Tokio beim 1500 m-Lauf im Zehnkampf oder Heide Rosendahl als Schlußläuferin der 4 x 100 m-Staffel in München 1972.

Bessere Trainings- und Wettkampfbedingungen

Es sind also die besseren Trainings- und Wettkampfbedingungen, die immer höhere Leistungen ermöglichen. Wir müssen die lobenswerten Erfolge der Stiftung Deutsche Sporthilfe anerkennen, und ich kann ebenso die Münchener Erfolge, die ich als Trainer hatte, mit den hervorragenden Bedingungen in meinem Verein begründen.
Wenn man also Leistungsgrenzen aufzeichnen will, dann muß man Grenzen der einzusetzenden Trainingsmittel angeben und daraus ergibt sich die zweite Frage:
»Welche Grenzen muß der Trainer festlegen, um bei deren Überschreitung weitere Leistungsverbesserungen abzulehnen?«

Der finanzielle Einsatz

Diese Grenze wird im Hinblick auf den finanziellen Einsatz abhängig sein von der Haltung der sportlich interessierten Gesellschaft. Solange die Mehrheit der Gesellschaft Leistungssteigerungen wünscht, — aus welchen Motiven auch immer — wird sie sich diese Steigerungen etwas kosten lassen müssen. Welche Art der Mittelbeschaffung dabei gewählt wird, ob Profittum, Mäzenatentum oder staatliche Förderung spielt in diesem Zusammenhang keine Rolle.
Unter der Voraussetzung, daß die Geldmittel richtig eingesetzt werden, gilt:
Weniger Mittel als bisher: Rückgang der Leistung
Gleiche Mittel: Stagnation
Erhöhte Mittel: höhere Leistung.
Eine Erhöhung der Mittel für verbesserte Trainingsbedingungen in einigen Bereichen, z. B. in der Medizin, würde ich begrüßen.
Hohe Geldmittel für die Verbesserung der Wettkampfbedingungen, wie sie durch den Bau von Kunststoffbahnen erforderlich werden, sollten vermieden werden. Sicherlich würden viele Rekorde in der Leichtathletik in überdachten Stadien verbessert werden, weil die Wettkämpfe ohne störende Einflüsse der Witterung ablaufen könnten (gleiche Temperatur, kein Wind, keine Feuchtigkeit, kein Blenden durch die Sonne usw.). Hier könnte man bei dem heute notwendigen Aufwand von einer Grenzüberschreitung im Rekordstreben sprechen.

Das weiche »Schaumgummibett« mindert die Unfallgefahr beim Hochsprung.

Die körperliche Belastung ist zumutbar

In den Monaten vor den Olympischen Spielen 1972 hat das Thema der Sportverletzungen allgemein interessiert. Oft wurde dabei die bange Frage gestellt: »Geht der Sportler in den Belastungen, die er seinem Körper zumutet, nicht zu weit?« Ausgestanden sind inzwischen die Probleme des Dopings. Durch strenge Regeln wurde ein Riegel vor Leistungen geschoben, die nicht mehr auf natürlichem Weg erbracht wurden. Aber es bleiben die anderen Fälle, wo durch ein Zuviel an einer bestimmten Stelle ein Schaden am Bewegungsapparat hervorgerufen wurde.

Die Warnsysteme im gesunden Körper

Um durch diese Vorfälle jungen Sportlern nicht den Mut zu höheren Trainingsbelastungen zu nehmen und um die vielen ängstlichen Laien zu beruhigen, sollte man folgendes

wissen: Fühlt man sich organisch unwohl, hat man Kreislaufbeschwerden (z. B. während einer sportlichen Betätigung), dann ist man nicht gesund und muß zum Arzt gehen. Der Sport ist nicht die Ursache der Krankheit, sondern allenfalls ein Mittel, die Krankheit zu erkennen. Bin ich gesund, dann kann ich organisch, kreislaufmäßig sehr hoch belastet werden, ohne Schaden zu nehmen, denn ein gesunder Körper hat viele Warnsysteme gegen Überbelastung, von der Atemnot bis zur Ohnmacht. Man muß nur die Warnungen dieser Systeme beachten. Bei den Belastungen für den Bewegungsapparat gilt das gleiche: Der natürliche Schmerz gibt Auskunft über Belastungsgrenzen. Wenn diese Schmerzgrenze nicht durch Medikamente oder falschen Ehrgeiz überschritten wird, dann können schwere Verletzungsfolgen vermieden werden. Eine Muskelzerrung z. B. benötigt Ruhe zum Ausheilen. Sie ist jedoch in den meisten Fällen nicht als wirkliche Erkrankung zu betrachten. Der Sportarzt wird der Behauptung zustimmen, daß sein Patient ohne Schmerzen 12,5 Sek. über 100 m läuft, aber sofort durch heftige Schmerzen gebremst wird, wenn er schneller laufen möchte. Selbst beim Arztbesuch sind solche Beschwerden nur durch extreme Belastungen erkennbar. Daraus folgt, daß der Athlet im herkömmlichen Sinn nicht krank ist. Er kann arbeiten, spazierengehen und vieles mehr, nur Höchstleistungen kann er nicht vollbringen.
Wenn der Trainer erkennt, daß diese winzigen Störungen sehr oft durch in falsches und einseitiges Training hervorgerufen und daß die Hilfen durch die Mediziner – z. B. Einlagen bei deformierten Füßen usw. – immer wirkungsvoller werden, dann kann von einer wirklichen Gefahr für den Sportler nicht mehr die Rede sein. Mancher verletzungsanfällige Athlet sollte sich allerdings sagen lassen, daß die Belastbarkeit, also die Güte der Gelenke und Muskeln, ein Maß für sein Talent ist. Auszuschließen sind bei diesen Betrachtungen Sportunfälle. Sie können ebenso wie auch in der Arbeitswelt häufig durch Umsicht verringert werden. Der technische Fortschritt bietet im Sport ausreichende Hilfen an: etwa Schaumgummi als Landeflächen bei Sprüngen oder richtig installierte Gitter bei Würfen.

Hat Leistungssport Züge der Arbeit?

Ein anderer, oft gehörter Einwand ist der, ob Leistungstraining eigentlich noch Sport im Sinne von zweckfreiem Tun genannt zu werden verdient oder ob ein solches Training in Arbeit ausartet. Hier sind die beiden Begriffsfestsetzungen: Sport = zweckfreies Tun und Arbeit = Last, Unerträgliches in Frage zu stellen.
Der Spitzensport hat Züge der Arbeit angenommen, z. B. die Zweckmäßigkeit, das ökonomische Denken, das Abwägen von Einsatz und Erfolg, die Stetigkeit u. a. Da sich heutzutage die meisten Menschen ihre berufliche Tätigkeit selbst wählen, haben sie auch die Möglichkeit, das zu suchen, was ihnen Freude und Befriedigung bringt. Unter diesem Vorzeichen sollte man Begriffe wie Trainingsarbeit richtig verstehen. Ob es andererseits überhaupt zweckfreies Tun gibt, muß bezweifelt werden. Auch Selbstdarstellung, die sicherlich durch die sportliche Höchstleistung erstrebt wird, dient dem Zweck, einen Stellenwert in der Gesellschaft sichtbar zu machen.

Die Freude am Sport

Die Freude ist Grundlage des Sports

Ein anderes Kriterium kann vielleicht eine Grenze aufzeigen: Das Maß der Freude, die im sportlichen Tun gefunden wird und die Möglichkeit, diese Freude auf andere Menschen zu übertragen.
Anders als im Arbeitsprozeß wird im Sport schon dann ein Stillstand oder ein Rückgang der Leistungen eintreten, wenn eine gewisse innere Bereitschaft fehlt, die man schlicht als Freude bezeichnen sollte.
Grenzen sind immer dann zu beobachten, wenn Überbelastungen diese Freude abtöten. Oft wirken sich die nervlichen Belastungen oder die Angst vor Niederlagen, vor dem Publikum, das Siege sehen will, nachteiliger für den Athleten und seine Wettkampfleistung aus als ein gelegentliches Übermaß an Training. Die körperlichen Reaktionen sind nämlich ablesbarer und damit veränderlicher als bei jenen Nervenbelastungen.

Die rechte Zielsetzung

Zur Freude am Sport gehört neben dem Erlebnis der gelungenen Bewegung – Eltern werden die Freude des Kleinkindes bei dem Gelingen der ersten Greifversuche der Hände und Füße bestätigen – ein bestimmtes Maß an Erfolg. Diese Erfolge müssen durch eine dem Leistungsvermögen angepaßte Zielsetzung Stufe für Stufe gesteigert werden. Jeder Sportler ist sicherlich nur dann zufrieden, wenn er die seinem Können entsprechende höchste Stufe erreicht hat. Nur jener Athlet wird von dieser Treppe stürzen, der versucht, Stufen zu ersteigen, die ihm zu hoch sind. Auch in der persönlichen Zielsetzung muß man Grenzbetrachtungen anstellen und sich dadurch die Freude zu erhalten suchen.

Das soziale Verhalten

Es gibt noch eine weitere Grenze, die es im Hochleistungssport auszuloten gibt: Die soziale Situation, in der sich der Athlet befindet. Der Sport kann in gewissen Zeitabschnitten eines Lebens die bedeutungsvollste Sache sein. Dazu müssen aber Berufsbild und familiäre

Situation passen. Ein Student, der durch materielle Unterstützung – z. B. durch die Sporthilfe – für eine Teilnahme an Olympischen Spielen ein oder zwei Semester seines Studiums verliert, befindet sich in einem anderen Grenzbereich als ein Student, der in der Hoffnung auf einen Olympiasieg sein Studium aufgibt und weiterhin von fälschlicherweise gut gemeinten Hilfen von Mäzenen zu leben hofft und gar in dieser Situation noch eine Familie hat, die gegen seine sportlichen Betätigungen Stellung bezieht.
Im zweiten Fall wird die Teilnahme zu einem »Siegenmüssen«, die Freude wird durch Zwang überschattet und die Leistungen bleiben sicherlich unter dem Niveau des Möglichen.

Heide – wie ich als Trainer sie sehe

Heide hat immer ein gesundes Maß an Leistungsstreben besessen. Sie war aber auch Schwankungen unterworfen, die sich nach der Größe der sportlichen Aufgaben richteten. In den Jugendjahren der Leichtathletik, die bis zum 18. Lebensjahr einschließlich zählen, hat Heide durch ihr hohes Bewegungsgeschick viele gute Leistungen erzielt. Sie hat aber ihr Leistungsstreben schon mit 17 oder 18 Jahren auf die Anforderungen der Frauenklasse eingestellt.
Ihr Streben ging schon früh dahin, auch die damals besten Athletinnen in Deutschland z. B. im Weitsprung Helga Hoffmann, Ingrid Becker, Ulla Künzel, Dorothee Sander zu besiegen.
Zu dieser Zeit fand auch das – von der Belastung gesehen – härteste Training statt, das sicherlich die erste Grundlage für spätere Erfolge schaffte.

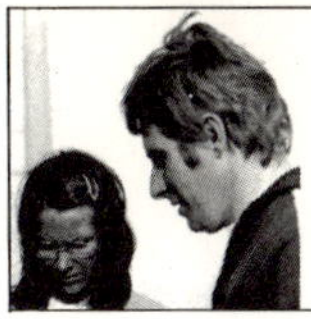

3

Nach dem zweiten Platz bei der Europameisterschaft 1966 im Fünfkampf in Budapest – sie war damals 19 – rückten Studium und Privates in den Vordergrund. Erst mit den Aufgabenstellungen für die Olympischen Spiele in Mexiko 1968 war ein erneutes Hoch im Leistungsstreben zu beobachten.
In diesem Vorbereitungstraining hat sich Heide intensiv um Leistungsverbesserungen bemüht. Ihre Fortschritte lassen sich jedoch anhand von Aufzeichnungen nachprüfen und sind in erster Linie auf verbesserte Trainingsbedingungen zurückzuführen.
So wurde mir von meinem Verein die Möglichkeit gegeben, Heide bei allen, auch bei internationalen Wettkämpfen zu beobachten. Eine Tartananlage für Weitsprung wurde kurzfristig gebaut. Ich wurde von anderen Traineraufgaben entbunden und half Heide oft dadurch Zeit einsparen, indem ich nach Köln fuhr, um in den Pausen zwischen den Vorlesungen mit ihr zu trainieren.

Leistungskonservierung

Heide war 1968 weltbeste Athletin im Fünfkampf, auch wenn ihr durch eine winzige – nach 4 Wochen völlig ausgeheilte – Muskelverletzung die Teilnahme am olympischen Fünfkampf versagt blieb. Der Wille, diesem Mißgeschick zu trotzen und dann eben 4 Jahre später das Ziel, Olympiasiegerin zu werden, zu erreichen, machte nicht ein normales Streben nach Leistungsverbesserung notwendig, sondern die Aufgabe, diese Leistung zu erhalten und die Kräfte für München 1972 einzuteilen.
Heide hat diese Frage der Leistungserhaltung vornehmlich durch Teilnahme an Wettkämpfen gelöst. Das Hauptziel war, jede gute Gegnerin im Wettkampf kennenzulernen und nach Möglichkeit zu besiegen. So wurden die Jahre zwischen 1968 und 1972 zu einem Weg von Sieg zu Sieg. Es gab nicht eine einzige Niederlage im Fünfkampf bis zu den Olympischen Spielen, dafür aber Erfolge über die Olmpiasiegerin 1968, Ingrid Mickler, und über die Weltrekordlerin, Burglinde Pollak (DDR), in Helsinki 1971.

Im Weitsprung war die Lage ähnlich. Das beste Trainingsmittel war vorwiegend der Wettkampf, der größte Erfolg war der Weltrekord.
Oft wird nach der »Traumgrenze« der 7,00 m im Weitsprung der Frauen gefragt. Sicherlich kann Heide diese Marke erreichen, aber dazu sind das Streben nach dieser Leistung und die damit verbundene Trainingsintensität unerläßliche Voraussetzung.

Diese Freude gehört zum Weltrekord im Weitsprung. Turin 3. 9. 1970: 6,84 m

Die Freude am Siegen

Die Leistungserhaltung und die dazu nötigen Reserven wären bei einer anderen Zielsetzung möglicherweise verlorengegangen. Hinzu kommt, daß bessere Leistungen die Bemühungen der Gegner, sie ebenfalls zu erreichen, erhöhen und man sich somit das Siegen selbst erschwert.

Wenn diese Ausführungen zusammengefaßt werden, dann muß die Frage, wie es zu Leistungsverbesserungen bei Heide kam, so beantwortet werden: Nicht das Finden ihrer Leistungsgrenze, nicht die Suche nach der perfekten Bewegung mit Hilfe ausgeklügelter Trainingsmittel hat sie begeistert, sondern die Freude am Siegen.

Materielle Ansprüche

Diese Feststellung unterstreicht die Beantwortung der nächsten Grenze: Wie steht Heide zum materiellen Aufwand, der für ihre Siege notwendig ist?

Heide hat niemals besonders teure Trainingsmittel verlangt. Sie rief

nicht nach überdachten und beheizten Laufbahnen, weil man auch bei Regen und Kälte siegen können muß; auch dann, wenn das Training unter diesen Bedingungen sehr erschwert wird. Heide fragte nicht nach medizinischen »Wunderwaffen« oder idealen Muskelbehandlungsgeräten. Sie betrachtete zwar die Trainingslager als angenehme Abwechslung, aber nicht als eine unverzichtbare Hilfe.

Dafür aber forderte sie Flüge zu den Wettkämpfen, weil Bahn- und lange Autoreisen ihre Rückenmuskulatur verkrampfen ließen. Sie war unzufrieden mit schlechten Hotels und setzte sich immer dafür ein, mich als Trainer bei großen Wettkämpfen in der Nähe zu wissen. Auf Auslandsstarts war sie erpicht, wenn sie fühlte, daß gute Gegnerinnen für eine Leistungsverbesserung notwendig waren. Heide verstand es auch, Veranstalter in Deutschland zu überreden, die Ausgaben für die starke internationale Besetzung eines Wettkampfes nicht zu scheuen.

Mögen manche Funktionäre diese Extrawünsche der Heide Rosendahl mißbilligt haben, sicher ist, daß Heide die Grenze des materiellen Aufwandes für ihre Siege nicht überschritten hat; man könnte als Gegenbeweis andere Beispiele anführen, wo mit viel Aufwand nichts erreicht wurde.

Vermeidung von Überbelastungen

Heide hatte stets das Ziel vor Augen, gute Leistungen über eine lange Zeitspanne zu vollbringen und dennoch Überbelastungen für ihren Körper in Grenzen gehalten. Traten gelegentlich Schmerzen in den Gelenken auf, dann hat sie als wichtigste Therapie Ruhe und Wärme bevorzugt. Ihr häufig schmerzendes Sprunggelenk ist durch eine Einlage nach den Angaben von Prof. Dr. Sperling, Düsseldorf, gut gestützt worden. Eine Unterbrechung der Teilnahme an Weitsprungwettbewerben wurde daher zu keiner Zeit akut. Kritisch war das Weitspringen für ihr Fußgelenk nur nach längeren Pausen, aber durch geringere Dosierungen wurde die Gewöhnung an Höchstbelastungen schnell wiedergefunden. Heide war immer vernünftig und hat nie ihre Gesundheit aufs Spiel gesetzt.

Diese Feststellung gilt insbesondere für einen ihrer naturbedingt schwachen Punkte, den Rücken. Ein vererbter Wirbelsäulenschaden bremste Heide in der technischen Weiterentwicklung des Kugelstoßens, und veranlaßte sie – nach einigen schmerzhaften Versuchen – das Floppen für sich abzulehnen, obwohl diese Hochsprungtechnik wenig Übungsaufwand erfordert und somit für den Mehrkämpfer besonders geeignet ist. Der Verzicht auf eine bessere Leistung zu Gunsten ihrer Gesundheit ist Beweis genug, daß Heide trotz allen Leistungsstrebens die Grenzen achtete, die dem Sport aus medizinischer Sicht gesetzt werden.

Spontaneität ist schwer zu konservieren

Nicht ganz so positiv wie bisher wird für Heide die weitere Betrachtung über das Maß der Freude am Leistungstraining und am Wettkampf

Die Zeit bis München wurde lang ...

ausfallen. Ihr Ziel war, in Mexiko eine Goldmedaille zu gewinnen. Das war auch der angestrebte Höhepunkt in ihrer sportlichen Laufbahn. Eine feste Vorstellung, ob sie nach erhofftem Erfolg noch weiterhin Leistungssport betreiben wollte, hatte sie nicht.

Dann machte die Verletzung eine neue Orientierung notwendig: Es blieb das Ziel, Olympiasiegerin zu werden. Vier lange Jahre mußten überbrückt und durchgehalten werden. In den ersten Monaten, nach Ausheilung der Muskelrisse brannte noch die angestaute Energie wie ein Feuerwerk ab, und es gelang Heide, sich den Glauben an das Gewinnenkönnen zurückzuholen. Sie stand schnell wieder im Mittelpunkt von Hallenwettbewerben, wo auch eine große Zuschauerkulisse diese Freude an der Bewährung empfand und durch Applaus unterstützte.

Und dennoch: Die Zeit bis München wurde lang, auch das zur Leistungserhaltung notwendige Training geriet immer mehr in den Bereich der Lustlosigkeit. Deshalb ließ ich ohne zu mahnen große Pausen im Trainingsprozeß zu in der Hoffnung, daß die Freude sich mit der Zeit wieder einstellen würde.

Gelegentlich hatte ich mit meiner Passivität Erfolg und Heide fand ihre leichte unbeschwerte Trainingsgestaltung von früher zurück. Aber die Zahl der Tage, insbesondere in den Wintermonaten, an denen Heide zur Begrüßung sagte: »Heute habe ich einmal wieder richtig Lust zum Training«, wurden geringer. Viele Wettkämpfe, insbesondere im Frühjahr, wurden immer mehr Routine: ohne Freudensausbruch und ohne Miene der Enttäuschung. In dieser Zeit, in der das Warten auf die große Zeit der Olympischen Spiele im Unterbewußtsein einen großen Raum eingenommen haben mag, verlor Heide auch ein wenig an Ausstrahlung auf das Publikum. Die Leistungen waren zu gut, als daß man hier die Ursache suchen könnte. Heide wirkte reserviert, manchmal kühl, unbeteiligt. Und ihre Leistungen etwas zu roboterhaft. Nur große Wettkämpfe und die damit verbundene Bewährung konnten diese Stimmung ändern. Deshalb war es sehr schade, daß die Wettkämpfe der Europameisterschaften in Athen 1969 mit Ausnahme der Staffeln ohne bundesdeutsche Teilnahme stattfanden.

Persönliche Bestleistung:
1,70 m im Hochsprung übersprungen!

Freude und Ärger in Stuttgart

Nur noch selten war die alte Freude wieder so prickelnd gegenwärtig wie beim ersten Zusammentreffen mit Ingrid Mickler im Fünfkampf seit den Olympischen Spielen 1968. Es war 1970 in Stuttgart anläßlich der Deutschen Meisterschaften. Beide hatten sich gut vorbereitet. Heide gewann in allen 5 Disziplinen mit einer Leistung, die besser als der damals bestehende Weltrekord war. Der Unterschied von wenigen Punkten zugunsten der Weltrekordlerin Burglinde Pollak (DDR) war nur durch die günstige Zeitnahme per Handstoppung ausgefallen. In Stuttgart entschied man sich für die elektrische Zeitnahme, obwohl die Regel Weltrekorde mit Handstoppung weiterhin zuläßt und obwohl parallel zur elektrischen Zeitnahme auch die Handstoppung angewandt worden war.
Die Freude über ihre weltbeste Leistung und den Sieg über Ingrid wurde zu schnell durch Ärger, ja Zorn gegenüber der Regelauslegung unserer Kampfrichter getrübt. Daß dieses Verhalten von der

Sache her richtig war, steht außer Frage, dennoch war es für Heide ein Symptom der fehlenden inneren Freude, die dieses Fehlverhalten der Wettkampfleitung hätte kompensieren müssen.
Vielleicht fand deshalb eine der besten sportlichen Leistungen der Heide Rosendahl nicht die gebührende Resonanz.
Bei den packenden Weitsprungduellen zwischen Heide und Ingrid in den Sommermonaten 1970 war endlich einmal das Fernziel – die Olympischen Spiele von München – in den Hintergrund getreten. Jeder Wettkampf zwischen den beiden großen Könnerinnen wurde ein Erlebnis.
Das Ergebnis war: Heide stellte im Weitsprung einen neuen Weltrekord auf. Die vielen guten Leistungen, die ohne nennenswerte Vorbereitung erzielt wurden, einschließlich des Gewinnes der Halleneuropameisterschaft 1971 in Sofia, ließen die Freude am Wettkampf wieder abflachen. An die Stelle des Wartens auf die Olympischen Spiele trat die Erwartung auf ein erfolgreiches Abschneiden.
Sieggewohnt und mit der Kühle einer großen Athletin wird sie leidenschaftslos »Gold für Deutschland« holen. So etwa konnte man die Kommentare im letzten Jahr vor München zusammenfassen. Bei diesen Worten stockte mir immer der Atem, denn ich wußte nur zu gut, daß Heide gerade mit diesen Eigenschaften nicht gewinnen würde.
Heide mußte ihre Begeisterung am Training, am Springen und Laufen zurückfinden, sie mußte mit aller Leidenschaft den olympischen Wettkampf herbeisehnen und sie durfte alle vorherigen Siege unter keinen Umständen als Faustpfand verwenden.
Meine Sorgen als Trainer waren, wie sich später herausstellte, unbegründet. Als die lange Zeit von beinahe vier Jahren vorbei war, erwachte in den entscheidenden Wochen vor München der alte Ehrgeiz und der verschüttet geglaubte Kampfgeist von Heide Rosendahl. Gesund und voll von erwartungsfroher Freude auf die neuerliche Bewährung, stellte sie sich mit ganzem Herzen dieser olympischen Aufgabe. Sie fieberte dem Wettkampf entgegen und es gelang ihr, sich von der drückenden Verpflichtung »Ich muß gewinnen« freizumachen. Meine wesentliche Hilfe bestand

Sieggewohnt, oder: »Ich möchte den sehen, der mich hier 'runterschmeißt!«

darin, daß ich die Geduld aufbrachte und wartete, bis Heide ihre Freude am Leistungssport selbst wiederfand. Hätte ich mit erhobenem Zeigefinger zu intensivem Training gemahnt, vielleicht wäre ihr Training in der entscheidenden Phase zu einem olympischen Alptraum geworden.
Gerade weil ich in diesen Zeilen Heide zeitweise Grenzüberschreitung unterstelle – Grenzüberschreitung beim aufgestellten Axiom, das besagte: »Die Freude solle das Leistungsstreben bestimmen, und man

könne sie messen an ihrer Ausstrahlungskraft« – bin ich besonders froh, daß Heide in München zu dieser notwendigen Grundhaltung zurückgefunden hat.
Bei Heide brach in München ein vielleicht unnütz aufgebauter Schutzwall zusammen, so daß sie wieder natürlich wirkte in ihrer Freude ohne Pathos und ohne Affekte. Diese Tatsache war für mich die Bestätigung des wertvollsten Gehaltes im Sport und eines der schönsten Erlebnisse der Olympischen Spiele.
Und wenn man ein Auge den begeisterten Zuschauern im Stadion und am Bildschirm schenkte, so fand man diese ehrliche Freude der Heide Rosendahl in ihren Gesichtern wieder.
Abschließend bleibt die Feststellung, daß Heide sich durch den Leistungssport nicht abhalten ließ, ihre berufliche Ausbildung abzuschließen. Sie ist sicherlich eine hervorragende Diplomsportlehrerin und zeigt vielleicht durch die Erweiterung ihrer beruflichen Grundlage, die sie mit dem Studium der Innenarchitektur erreichen will, daß der Sport oft zu höherem Wohlstandsstreben anleitet.

Unterricht an der Sporthochschule Köln

266
JUNGHANS

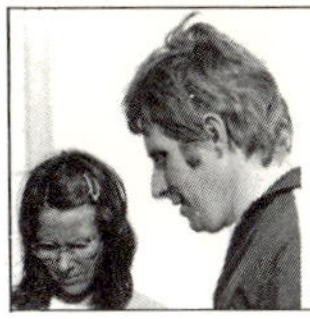

3

Probleme und Mittel des Mehrkampftrainings

Meine zehnjährige Zusammenarbeit mit Heide im Training bietet die Möglichkeit, die wichtig erscheinenden Punkte herauszugreifen, ohne dabei zu versuchen, das natürliche, kontinuierliche Wachsen der Leistung als Ganzes darzustellen. Das ist auch nicht Aufgabe dieses Buches.

Heides Zielsetzung bestimmte ihren Trainingseifer und die Trainingsmittel

Wichtig für Heides gesamte sportliche Entwicklung war die Tatsache, daß sie weder von den Eltern, weder von mir noch von ihrem eigenen Ehrgeiz zu übermäßigen Erfolgen getrieben wurde. Wie selbstverständlich wuchs von Jahr zu Jahr das Maß der Erfolgsmöglichkeit. Die Gewinne der Jugendmeisterschaften und die ersten Sprünge in die Nähe der 6,00 m-Marke waren ihre Ausgangsbasis. Günstig bei den jeweiligen Zielsetzungen war das Leistungsniveau der sportlichen Gegner im Deutschen Leichtathletik-Verband. Mit Helga Hoffmann und Ingrid Mickler mußte sie um die Nominierungen für Länderkämpfe springen. Der Leistungsunterschied blieb immer so gering, daß weder ein Gefühl der Unschlagbarkeit aufkommen konnte noch Resignation vor vorgelegten Leistungen. Insbesondere Ingrid und Heide steigerten sich so zu Athletinnen der Weltklasse.
Auch kleinere Wettkämpfe wurden von Heide gut vorbereitet, wenn die Gegnerin Ingrid Becker hieß. Denn nur mitmachen, ohne eine Siegchance zu besitzen, war nicht Heides Sache. Andererseits konnte Heide schlecht regelmäßig trainieren, wenn nicht ein interessanter Wettkampf bevorstand. Das war auch der Grund, warum ich Heide immer für die Hallenwettkämpfe im Winter begeisterte, um auf diese Weise ein gewisses Maß an Training zu erzwingen, was für die Sommersaison notwendig war.

Heide trainiert wettkampfnah

Heides hervorragendes Bewegungsempfinden ist wohl der Grund dafür gewesen, daß alle neuen Übungen wettkampfmäßig erlernt wurden. In diesem Zusammenhang interessieren vielleicht folgende Beispiele:
Mir erschien beim Weitsprung recht früh die Fortsetzung der Laufbewegung in der Luft die problemloseste Energieübertragung vom Anlauf zur Landung zu sein, weil beim Hangsprung eher die Gefahr einer fehlerhaften Bremswirkung durch ein fixiertes Schwungbein eintreten kann und weil das notwendige Ausbalancieren durch eine vorhandene Bewegungsfortsetzung leichter ist. Mit Hilfe einer einfachen methodischen Reihe, wie sie nachfolgend beschrieben wird, hat Heide an einem Trainingstag den Weitsprung mit der Technik des Weiterlaufens in der Luft erlernt und mit vollem Anlauf gesprungen. Den nächsten Wettkampf hat sie schon erfolgreich mit dieser Technik abgeschlossen.
Für Springer und Übungsleiter, die die von Heide praktizierte Lauf-

sprungtechnik erproben wollen, sei noch folgende Voraussetzung erwähnt: Die Sprungleistung muß bei etwa 6,00 m liegen. Diese Forderung errechnet sich so: Die Länge eines Schrittes beim Laufen beträgt ca. 2,00 m. Wird nun diese Laufbewegung im gleichen Rhythmus auch in der Luft fortgesetzt, dann benötigt das Schwungbein vom Einsatz bis zum Strecken 2,00 m; das Sprungbein würde also beim Lauf wieder bei 4,00 m auf dem Boden aufsetzen und der nächste Schritt des Schwungbeins bei 6,00 m.
Betrachten wir unter diesem Gesichtspunkt Heides Sprung von München in der Bildserie: Das Schwungbein ist nach ca. 2,00 m (Abstand Balken—Grubenrand = 2 m) wieder gestreckt (Bild 6), beim Laufen würde das Sprungbein nach Bild 9 wieder den Boden berühren, also bei ca. 4,00 m. Die Meßlatte im Hintergrund kann diese Angabe etwa bestätigen. Statt Bodenfassen aber wird die Landung eingeleitet, die eigentlich nach vollzogenem Schritt des Schwungbeines (von Bild 6 nach Bild 10) in Bild 11 vollzogen sein müßte, also etwa bei 6,00 m. Da Heide aber weiter als 6,00 m springt, tritt eine technische Unvollkommenheit zwangsläufig ein. Heide muß die Landung hinauszögern. Das hat zur Folge, daß die ideale Landehaltung, in Bild 11 zu sehen, wieder durch das Herabfallen der Beine (insbesondere Bild 13) verloren geht. Aber für Heide besteht keine andere Möglichkeit, da erst bei einem weiteren Schritt des Sprungbeines, also ca. 2,00 m später bei 8,00 m die nächste ideale Landeposition erreicht würde.
Die Aufgabe, die Landung um ca. 80 cm herauszuzögern ist nicht leicht und verlangt gute Rumpfmuskulatur. Nachteiliger für das Erreichen der maximalen Leistung allerdings ist, mit der Laufsprungtechnik weniger als 6,00 m zu springen. Die Springerin muß dann früher ihre Schritte beenden als beim eigentlichen Lauf, um überhaupt eine Landeposition zu finden. Es kommt also entweder zu einem »Zappeln« in der Luft aus Zeitnot oder zu einem Nachvornestürzen nach der Landung, weil keine Zeit zur Vorbreitung der Landung bleibt. Für Männer gilt gleiches für die 8,00 m-Marke.

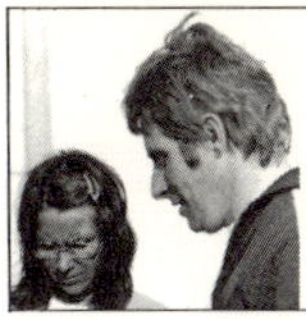

3

Schwünge beherrschen
Heides Gymnastik

1 2 3 4

Heide Rosendahl bei ihrem Siegessprung in München 1972

9 10 11 12

5

6

7

8

Die Technik des Laufsprungs: Flaches Aufsetzen des Sprungfußes am Balken, ohne auf diesen zu schauen. Ein Blick auf den Balken würde die horizontale Geschwindigkeit, von der besonders die Sprungweite abhängt, vermindern.

Kraftvolle Streckung beim Absprung. Beginn der Laufbewegung zum Ausgleich unerwünschter Drehungen um Längs- und Breitenachse des Körpers, die aber die Körperschwerpunktskurve nicht verändern und daher relativ unbedeutend sind. Einleitung einer raumgreifenden Landung. Das bedeutet möglichst die Beine parallel zur Sandgrube zu bringen.

13

14

15

16

Die methodischen Hilfen

Nun zu den methodischen Hilfen beim Erlernen der Laufsprungtechnik: Man beginnt mit einer Anlauflänge, die eine Sprungweite von ca. 4,00 m zuläßt. Das ist je nach Beschleunigungsvermögen mit 5 oder 7 Anlaufschritten möglich. Die Aufgabe besteht darin, 2,00 m nach dem Absprung das Schwungbein im Sand aufzusetzen, aber nur so wenig belastet, daß das Sprungbein, das bei 4,00 m zum Boden kommt, fast alle Last aufnehmen kann. Man verlängert den Anlauf auf ca. 9 oder 11 Schritte und stellt die neue Angabe: Bei 2,00 m nach dem Absprung leichtes Aufsetzen des Schwungbeines, Belasten des Sprungbeines bei 4,00 m und einen weiteren Schritt bis ca. 6,00 m des Schwungbeines folgen lassen.
Danach soll immer weniger Last mit dem Sprungbein bei 4,00 m, sondern mehr und mehr mit dem Schwungbein bei 6,00 m aufgefangen werden. Dadurch wird der Fuß bei 2,00 m den Boden nur noch ganz leicht berühren, was zur nächsten Aufgabe führt: Den Schritt bei 2,00 m vollziehen, aber nicht mehr den Boden berühren.
Bis hierher ist alles recht einfach. Für den letzten methodischen Schritt empfehle ich die Beibehaltung des Anlaufes. Die Aufgabe besteht nun darin, nicht nur den ersten Schritt bei 2,00 m, sondern auch das Aufsetzen des Sprungbeines bei 4,00 m nur anzudeuten und danach das Auffangen der Last bei 6,00 m durch das Sprungbein zu unterstützen. Die Aufgabe wird jetzt dadurch erleichtert, daß der Boden in der Grube um ca. 20 – 30 cm niedriger gelegt wird als der Absprungbalken; dazu wird der Sand weggeschaufelt.
Wenn diese Aufgabe häufig genug gelöst wurde, verlängert man den Anlauf und erhöht wieder den Sand in der Grube. Die Technik des Laufsprunges übt man also möglichst mit langem Anlauf. Sie ist mit wenigen Schritten nur dann korrekt auszuführen, wenn die Länge der Anlaufschritte entsprechend verkürzt wird. So kann man bei Anläufen mit 1,50 m großen Schritten auch bei einer Weite von 4,50 m technisch richtig springen.
Auch Heide führte 80% ihrer Trainingssprünge mit langem Anlauf aus. Früher, als ihre Trainingsleistung bei 6,20 m bis 6,30 m lag, fast 100%. Heute, wo sie mit 10–11 Anlaufschritten die gleiche Weite erreicht und somit ihre Technik ebenso ausführen kann, ist das Verhältnis der Trainingssprünge mit vollem Anlauf zu denen mit kurzem etwa 50 : 50.

Die ersten Hürdenläufe

Das zweite Beispiel für ein wettkampfnahes Training ist das Hürdenlaufen. Heide hat eigentlich recht spät, erst am Ende ihrer Zugehörigkeit zur Jugendklasse, mit dem Training über die Hürdenstrecke begonnen, denn der Jugend-Fünf-

Technische Fehler im Weitsprung der Heidi Schüller, hier deutlich sichtbar in der Landephase: Heidi hat nicht die Balance während des »Fluges« gefunden, aus der sie die Beine zum Oberkörper nehmen kann. Das Becken, das möglichst nahe zum Landepunkt gebracht werden muß, bleibt wegen der zu weiten Oberkörpervorlage zu hoch.

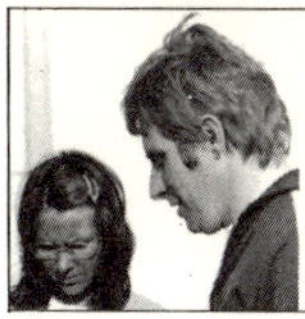

3

kampf setzte sich aus den Disziplinen 100 m-Lauf, Kugelstoßen, Hochsprung, Weitsprung und Diskuswerfen zusammen. Mit der Vorbereitung auf den Frauen-Fünfkampf mußte Heide den 100 m-Lauf durch den 200 m-Lauf ersetzen und das Diskuswerfen durch den 80 m-Hürdenlauf.
Das erste Hürdentraining spielte sich folgendermaßen ab:
Wir nahmen 3 Hürden, stellten die erste bei 12 m auf und probierten, aus welcher Startstellung und mit welchem Abdruckbein sich Heide beim Überlaufen der Hürde wohler fühlte. Danach nahmen wir die beiden nächsten Hürden mit vollem Abstand dazu. Mehr oder weniger gut schaffte es Heide auf Anhieb, im Rhythmus der drei Schritte die Hürden zu überlaufen.
Eine Woche später versuchte sich Heide im 1. Hürdenwettkampf. Ergebnis: 11,5 Sek. und Sieg.
Insbesondere vor den Olympischen Spielen in Mexiko haben wir, angespornt durch den damaligen schnellen Erfolg, wenig Vorübungen beim Hürdenlauf angewandt. 4- bis 6 mal wurden die 8 Hürden mit vollem Abstand durchlaufen. Das war das wesentliche Training und das Ergebnis eine Verbesserung auf 10,7 Sek. Die Schilderung dieser Trainingsart liest sich sicherlich problemloser als sie ist. Es gibt nicht viele Athleten, die die körperliche Voraussetzung, die Konzentrationsfähigkeit und den Willen besitzen, eine gestellte Aufgabe ohne Umschweife zu lösen.
Heide besaß zwar diese Fähigkeiten, aber sie erlag auch leicht der Gefahr, die mit schnellen Erfolgen verbunden ist. Eine solche Gefahr liegt beispielsweise in der natürlichen Reaktion, etwas nicht im Detail zu trainieren, wenn die Gesamtaufgabe richtig gelöst wurde.
Am gleichen Beispiel, also am Erlernen des Hürdenlaufes, kann auch die Problematik des ganzheitlichen Lernprozesses gezeigt werden:
Heide brauchte über 2 Jahre um die im ersten Hürdenlauf erzielte Zeit deutlich zu verbessern. Eine andere Gefahr muß ebenso gesehen werden: Es fehlt eine gewisse Automation, die in Mehrkämpfen häufig zu negativen Ergebnissen führt.
Bei Heide war es lange Zeit beispielsweise im Kugelstoßen so, daß sie, obwohl sie im Training die Kugel 13 m weit stieß, im Wettkampf oft nur 11,00 bis 12,00 m erreichte.

Vorübung zum Hürdenlauf. Wichtig: Schulter- und Beckenachse parallel zur Hürde halten. Das Schwungbein vom »Knie geführt« hochnehmen, Hände und Fußspitze einwinkeln.

Heide auf dem Wege zum Deutschen Rekord im 100 m-Hürdenlauf. Im Hintergrund Pam Kilburn-Ryan (Weltrekord 72: 12,5 Sek.)

Im Training mögen von 10 Stößen ebenso 8 Stück bei 11,00 m und 12,00 m gelandet sein, aber 2 Stöße über 13,00 m genügten, um zu glauben, daß diese Weite im Wettkampf dann auch erbracht werden müsse.

Es hat viele Jahre gedauert, bis diese Fehleinschätzung überwunden wurde.

Wenn hier warnend die Nachteile genannt werden, dann muß man auch von den Vorteilen sprechen:

- Ein wettkampfnahes Training, das auf die letzte Perfektion verzichtet, mindert erheblich den Trainingsumfang, da mit maximaler Intensität weniger oft eine Übung ausgeführt werden kann als mit submaximaler.
- Die wettkampfähnliche Ausführung einer Übung entspricht dem Wesen des Leistungssportes. Vorübungen oder Teillösungen einer Aufgabenstellung bleiben auch im Bewegungserlebnis nur Vorahnung oder Teilerlebnis.

Weitsprung rechts – Hochsprung links

Ein häufig entscheidendes Problem besteht im Mehrkampf, soweit ich es übersehen kann, nicht nur im Fünfkampf der Frauen, sondern auch bei den meisten Zehnkämpfern: Die Überbelastung des Sprungbeins. Eine gute Leistung im Hochsprung hat fast immer eine schwache Leistung im Weitsprung zur Folge und umgekehrt. Dieser Tatbestand ist um so deutlicher, wenn beide Sprünge mit demselben Sprungbein ausgeführt werden.
Die Begründung ist in der unterschiedlichen Aufgabenstellung zu suchen: Im Hochsprung soll die Energie des Anlaufes durch plötzliches Bremsen eine Richtungsänderung erfahren, denn aus einer horizontalen Bewegung soll eine vertikale erreicht werden. Beim Weit-

Der linke Arm soll helfen, die Schulterachse möglichst lange parallel zum Boden und rechtwinklig zur Angleitrichtung zu halten.

sprung dagegen ist der Absprung mehr eine Fortsetzung der Anlaufenergie, der Hauptsektor bleibt die Horizontale. Der Springer muß, in der Fachsprache ausgedrückt, im Hochsprung stemmen und im Weitsprung überlaufen.

Es ist sehr schwer, diese Aufgaben gleichzeitig perfekt in einem Wettkampf zu lösen, wenn ein und dasselbe Sprungbein diese Bewegungen auszuführen hat. Auch Heide hat in ihren Jugend-Fünfkämpfen immer entweder eine gute Weitsprungleistung oder eine gute Hochsprungleistung erzielt. Da sie aber eine hervorragende Weitspringerin zu werden schien, sollte die Gefahr, daß das Weitspringen von der Stemmwirkung des Hochsprunges negativ beeinträchtigt würde, von Anfang an vermieden werden. Heide erlernte deshalb das Hochspringen mit dem anderen Bein. Ihre Leistungen im Hochsprung wurden trotzdem gleich gut und beständig, wenn auch möglicherweise die Grenze der Leistungsfähigkeit des natürlichen Sprungbeines nicht erreicht worden ist.

Man kann nicht zwei Wege vergleichen, wenn man nur einen gegangen ist. Fest allerdings steht, daß Heide im Weitsprung Weltrekordlerin und Olympiasiegerin geworden ist, daß also die Entscheidung für den Weitsprung nicht falsch war.

Noch ein weiterer Gesichtspunkt ist entscheidend für die Forderung im Mehrkampf, den Weitsprung rechts und den Hochsprung links oder umgekehrt auszuführen. Es geht dabei um die Überbelastung und die Gefahr der damit verbundenen Verletzungen. Werden alle Sprünge mit dem gleichen Fuß ausgeführt, so kommt es nicht nur im Fuß- und Kniegelenk zu einseitigen Belastungen und damit zu Gefahren von Sehnen- und Bänderschäden, sondern durch die Verlagerung auf eine Seite auch zu einer statischen Fehlbelastung der Wirbelsäule. Ähnlich wie bei den Werfern, wo ein Rechtshänder ebenfalls einen Teil seiner Würfe mit dem linken Arm ausführen sollte, können so manche Rückenbeschwerden vermieden werden.

Medizinballwürfe als Krafttraining im Fünfkampf-Training. Der Vergleich zu den Kugelstoßphasen macht die techniknahe Aufgabenstellung sichtbar.

3

Medizinballwürfe im Kugelstoßtraining

Auf der Suche nach übungsnahen Konditionsaufgaben für die Wurfdisziplinen entwickelte ich eine Serie von Medizinballwürfen. Mit ihrer Hilfe konnten die wesentlichen Fehler in Heides Kugelstoßbewegungen abgestellt werden. Der Erfolg war erstaunlich. Heide verbesserte sich in einem Jahr in ihrer Durchschnittsleistung um ca. 2,00 m. Alle Würfe erfolgen aus der Schrittstellung mit feststehendem linken Bein vorne. Damit wird ein Wegdrehen oder Wegkippen nach links beim Abwurf vermieden. Alle Würfe werden beidarmig und auf dem möglichst größten Beschleunigungsweg ausgeführt. Auf diese Weise wird der gesamte Rumpf an der Wurfausführung beteiligt. Durch das Ausführen der Würfe mit größter Schnelligkeit werden Koordination und Explosivität geschult. Die Würfe mit »Anhupf« imitieren das Angleiten beim Kugelstoßen.

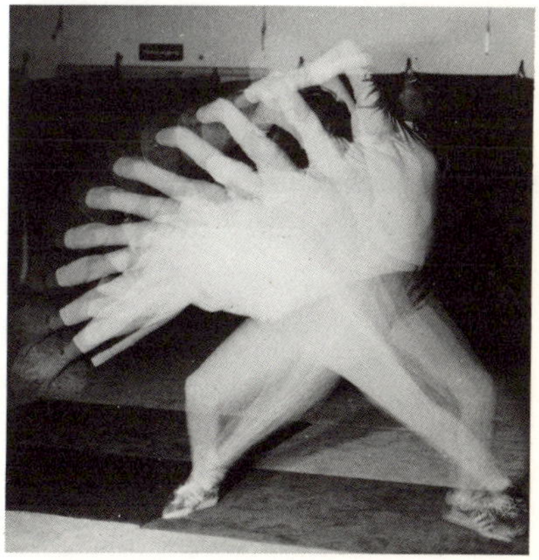

Heide unterstützt ihre Sprünge hervorragend durch den Einsatz der Arme

Mehrfachsprünge serienweise

Aus Heides Sprungkrafttraining soll ein Trainingsmittel herausgegriffen werden, weil es Heide immer wieder mit viel Freude angewandt hat: Sprungserien oder Mehrfachsprünge. Diese Mehrfachsprünge wurden sehr oft als kleine Wettkämpfe ausgeführt. Ich selbst sprang mit, weil auch mir diese Sprünge sehr viel Spaß machten. Unter Mehrfachsprünge sind Sprünge ohne Anlauf mit einem Bein zu verstehen, wobei aber das Sprungbein je nach Rhythmus verschiedene Male geändert wird. Zwei Sprünge mit dem linken Bein folgen zwei Sprünge mit rechts, dann wieder ein Sprung mit links, wonach beidbeinig in der Grube gelandet wird. Die gesamte erreichte Sprungweite wird verglichen und bewertet. Diese Übung ist von hohem Wert für die Erhöhung des Abdruckes nach vorne, für das Erlernen des Schwungbeineinsatzes, für die richtige Körperlage während der Flugphase und für die Rhythmusschulung. Es kam nicht selten vor, daß Heide an einem Abend bis zu 300 dieser Sprünge durchführte.

Aus der Tabelle läßt sich eine Verbesserung der Laufzeiten von Jahr zu Jahr erkennen

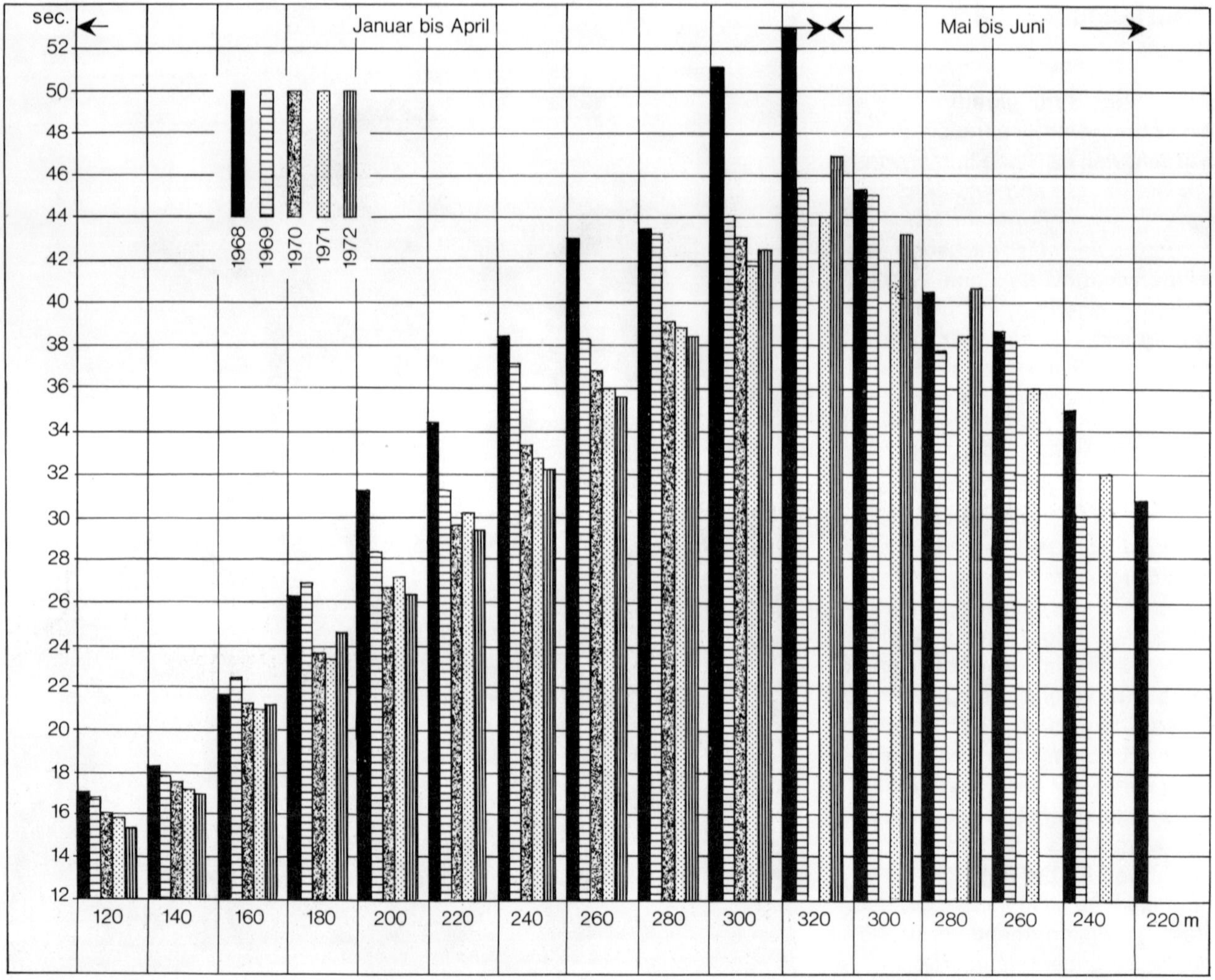

Die Schnellkraftübung »Reißen«: Immer mit Streckung der Beine ausgeführt. (Im Gegensatz zum Gewichtheben).

System der langen Läufe

Obwohl schon früher die entsprechenden Voraussetzungen – Sprungkraft, Organkraft, Schrittlänge – vorhanden waren, hat Heide erst in den letzten 4 Jahren gute Sprintzeiten erzielt. Die Verbesserung stellte sich ein, nachdem sie neben anderen Sprinttrainingsmitteln eine einfache Folge von Tempoläufen durchführte. Aus der Erfahrung, daß man mit Beginn des Wintertrainings am leichtesten an die Belastungsarten der letzten Wettkämpfe anknüpfen kann, begannen diese Tempoläufe über eine Strecke von 120 m. Die Anzahl der Läufe betrug etwa 8. Im jeweils nächsten Lauftraining wurde die Streckenlänge um je 20 m verlängert und die Anzahl der Läufe stufenweise verringert, bis 320 m mit 3 Wiederholungen erreicht waren. Danach wurde das gleiche System in umgekehrter Richtung fortgesetzt. Statt 320 wurden 300 m usw. bis 120 m gelaufen, aber das Tempo wurde erhöht. Diese Strecke ist Heide auch bei schlechter Witterung in sehr hohem Tempo gelaufen. Man berücksichtige bei den unten genannten Zeiten die Jahreszeit:

Konsequentes Krafttraining

Heide hat ein Krafttraining sehr konsequent im Winter 1967/68 durchgeführt. In den Jahren danach wurde dieses Training etappenweise wiederholt. Es blieb aber unstet in der Anwendung und richtete sich nach den jeweils auszugleichenden Schwächen. Hauptaugenmerk bei der Ausführung wurde auf Schnelligkeit und gute Koordination gelegt. Erstaunlich war bei Heide auch, daß sie sehr rasch hintereinander ihre Übungen ausführte.

Nutzen der Vielseitigkeit

Sportlern gegenüber, die nur eine Spezialübung trainieren, haben Mehrkämpfer den Vorteil, daß ihr Training zwangsweise vielseitiger und somit interessanter ist und natürlich auch weniger ermüdend. Auch Einzelkämpfer suchen durch Vielseitigkeit eine gute Trainingsgrundlage zu schaffen. Dabei wird aber – wegen der mangelnden Notwendigkeit – eine systematische Verteilung auf mehrere Übungen oft nicht über längere Zeit durchgeführt.

Heide Rosendahl: Krafttrainingsplan für einen Monat

(November 1971)

I. Medizinballwürfe:

1. Woche 40 je Art
2. Woche 50 je Art
3. Woche 60 je Art
4. Woche 70 je Art

Trainingstag

■ 1. Aus der Bauchlage gegen die Wand werfen
2. Hochwerfen aus der Rückenlage über Kasten (fixierte Beine)
3. Einwurf in Schrittstellung
4. Einwurf mit Anschwung
5. Einwurf vom Boden: Ball aufnehmend

■ 1. Aus dem Kniestand (Hüfte vor)
2. Hochwerfen aus der Rückenlage über Kasten (fixierte Beine)
3. Senkrecht hochwerfen
4. Einwurf in Schrittstellung
5. Einwurf mit Anhupf

■ 1. Seitwärtsführen mit gestreckten Armen über Kopf, Rücken an der Wand
2. Hochwerfen aus der Rückenlage über Kasten (fixierte Beine)
3. Einwurf in Schrittstellung
4. Einwurf mit Anschwung
5. Einwurf mit Anschwung und Anhupf

II. Krafttraining: je 8 Wiederholungen pro angegebener Gewichtseinheit

Trainingstag	1. Woche	2. Woche	3. Woche	4. Woche
■ 1. Halbe Kniebeuge	50; 55; 60; 65; 60; 55 kg	+ 5 kg	+10 kg	+15 kg
2. Umsetzen	30; 32,5; 35; 37,5; 35; 32,5 kg	+ 2,5 kg	+ 5,0 kg	+ 7,5 kg
3. Bankdrücken	30; 32,5; 35; 37,5; 35; 32,5 kg	+ 2,5 kg	+ 5,0 kg	+ 7,5 kg
Gesamttonnenzahl	6,0 t	6,48 t	6,96 t	7,44 t
■ 1. Reißen	20; 22,5; 25; 27,5; 25; 22,5 kg	+ 2,5 kg	+ 5,0 kg	+ 7,5 kg
2. Aufsteigen	20; 22,5; 25; 27,5; 25; 22,5 kg	+ 2,5 kg	+ 5,0 kg	+ 7,5 kg
3. Seitwärts umsetzen	25; 25; 25; 25; 25; 25 kg	–	–	–
Gesamttonnenzahl	4,62 t	4,98 t	5,34 t	5,70 t
■ 1. Maschine: Fußgelenke	100; 110; 120; 130; 120; 110 kg	+10 kg	+20 kg	+30 kg
2. Maschine: Unterschenkelbeuge in Bauchlage	10; 10; 10; 10; 10; 10 kg	–	–	–
3. Bauchmuskeln an der Schrägbank		–	–	–
Gesamttonnenzahl	6,0 t	6,48 t	6,96 t	7,44 t
■ 1. Maschine: Kniebeuge	120; 130; 140; 150; 140; 130 kg	+10 kg	+20 kg	+30 kg
2. Maschine: Beine anziehen (Rückenlage)	10; 10; 10; 10; 10; 10 kg	–	–	–
3. Maschine: Bankdrücken	30; 40; 50; 60; 50; 40 kg	+10 kg	+20 kg	+30 kg
Gesamttonnenzahl	9,14 t	10,00 t	11,04 t	11,52 t

Heide war in der Abwechslung ihrer Trainingsmittel und der Disziplinen konsequent. Die Reihenfolge der Fünfkampf-Übungen wurde immer auch im Training berücksichtigt. Wenn Heide Hürdenlaufen trainierte, dann immer zu Beginn des Trainings. Nach dem Hürdenlauf trainierten wir das Kugelstoßen oder entsprechende Vorübungen mit Hilfe der Medizinballwürfe. Weitsprung und Hochsprung haben wir nie an einem Tag trainiert und die langen Sprintläufe gehörten wie der 200 m-Lauf im Fünfkampf ans Ende des Trainings.

Training unter wettkampfähnlichen Bedingungen

Die letzten Wochen vor großen Wettkämpfen waren in Heides Training immer die wichtigsten. Wie schon an anderer Stelle beschrieben, mußte eine Einstimmung auch im Tagesablauf und in der inneren Einstellung zum Wettkampf gefunden werden. Heide, die mäßig aber regelmäßig raucht, trennte sich 6 bis 8 Wochen vor den Olympischen Spielen von dieser Gewohnheit. Die Semesterferien ließen ein 2maliges Training pro Tag zu. In der Mittagszeit hat Heide regelmäßig geschlafen. Viele Fleisch- und Milchprodukte standen auf dem Speisezettel. Dazu wurde, und das ist besonders wichtig, einige Wochen lang zu den im Zeitplan der Olympischen Spiele angegebenen Zeiten trainiert. In den letzten 14 Tagen wurden etwa viermal die Wettkämpfe genau vorweggenommen. Zur gleichen Uhrzeit wie es der Zeitplan in München vorschrieb, wurde begonnen, die Bedingungen wettkampfähnlich zu gestalten, d. h. es gab 2 Probeversuche in den technischen Übungen; die Höhen, Weiten und Zeiten wurden exakt gemessen. Wichtig war auch, exakt gemessen. Wichtig war auch, daß die Pausen zwischen den einzelnen Versuchen beachtet wurden. Denn gerade das lange Warten auf den nächsten Einsatz ist oft ermüdend und verlangt Gewöhnung. Vor Beginn der Olympischen Spiele in München verliefen diese Generalproben sehr zufriedenstellend, so daß ein Gefühl der Zuversicht aufkommen konnte. Im Weitsprung z. B. waren fast alle Sprünge gültig und in der Mehrzahl über 6,70 m weit. Auch an die Schuhe, die Heide in München tragen wollte, hat sie sich in diesen Tests gewöhnt.

Als Trainingserlebnisse sind diese letzten Wochen die nachhaltigsten gewesen; man tut alles sehr bewußt und gut durchdacht. In dieser Art der Vorbereitung wird das Bedürfnis im Athleten, sich tatsächlich zu bewähren, immer drängender.

»Ich fühle mich gut, habe mir mein Leistungsvermögen häufig genug bewiesen, ich möchte jetzt kämpfen.«

Auch die Überlegung, wann wir nach München reisen wollten, haben wir sorgfältig angestellt. In München wollten wir nur noch ein Einlauftraining durchführen, um durch ein Umgewöhnen an geänderte Bedingungen nicht zu viel Spannung zu verlieren. Andererseits wußten wir, daß das Olympische Dorf mit seiner Betriebsamkeit blickmüde macht. Deshalb setzten wir einen Tag für diese Gewöhnung an. Danach noch einen Tag Ruhe. Leider muß man bei einer solchen sorgfältigen Vorbereitung auch Verzichte in Kauf nehmen. In München war es vornehmlich der Verzicht auf den Einmarsch und auf die Eröffnungsfeier. Diesen schönen Teil der Olympischen Spiele haben wir aber als Fernsehzuschauer miterlebt.

Die Tabelle zeigt die Trainingshäufigkeit einschließlich der Wettkämpfe. Auch im Wintertraining vor München: Im Dezember Ruhemonat.

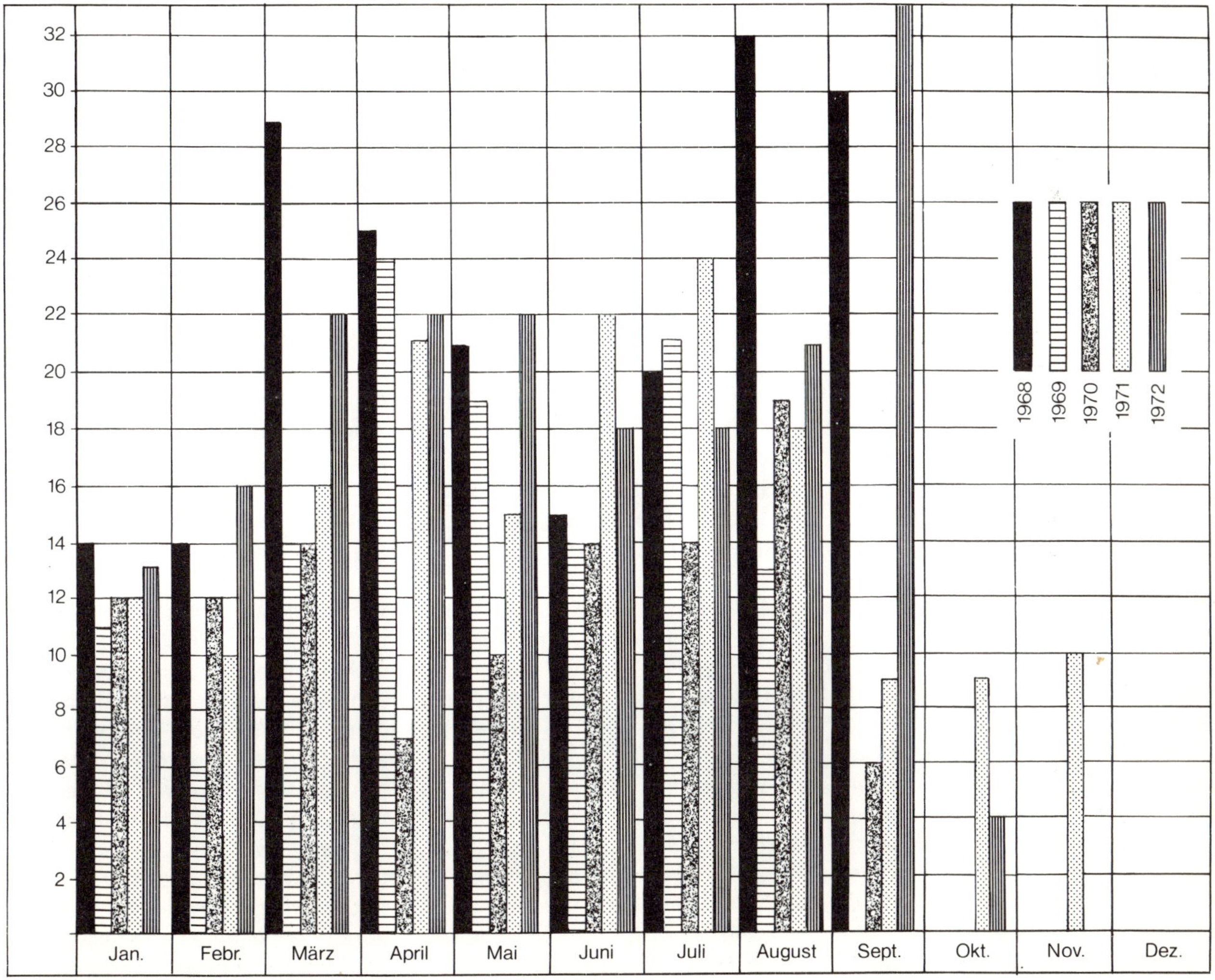

Erfahrungen und Ratschläge aus der Sicht einer Olympiasiegerin

Als Sportlerin und Sportlehrerin wurde ich oft gefragt, ob es sich gelohnt hat, Sport zu treiben. Die Antwort ist einfach. Ich sehe nicht nur den gesundheitlichen Vorteil darin, sondern auch die Möglichkeit, ein physisches und psychisches Gleichgewicht des Körpers zu erreichen. Die Bewegungsfähigkeit der eigenen Gliedmaßen, die Belastbarkeit der Organe und Muskeln tragen zu einem viel größeren Wohlempfinden bei. Das betrifft den Sport allgemein.
Wer sich zum Leistungssport entschließt, sollte sich vorher genau Gedanken darüber machen, mit welchen Vorstellungen und Wünschen so ein Plan motiviert werden kann. Leistungssport hat nichts mit Gesundheit zu tun, und auch die Nerven werden nicht geschont. Das bedeutet nicht, daß man durch den Leistungssport krank wird oder die Gesundheit darunter leidet, aber man betreibt den Leistungssport nicht, um gesund zu bleiben. Ganz andere Motivationen spielen eine Rolle.
Wenn man jung ist und mit irgendeiner Sportart anfängt, denkt man zunächst nicht an Leistungssport. Diese Gedanken fangen doch erst an, wenn sich Erfolge einstellen und man sich von dieser kribbeligen Atmosphäre einfangen läßt. Man tritt zu kleinen Privatduellen an oder nimmt im Verein oder in der Schule an Wettkämpfen teil, und auf einmal beginnt man darüber nachzudenken, was kann man machen, um beim nächsten Mal besser zu sein. Ist es richtig oder falsch, was ich trainiere? Wie machen die großen Meister das?
Ganz ehrlich, so ähnlich hat es bei mir auch angefangen. Die Erfolge wurden größer, ich war talentiert, hatte einen Vater, der mein Talent erkannt hat und ohne es zu merken, war ich mit 16 Jahren eine Leistungssportlerin. Dann fängt an sich erst die Phase an, die geplant werden kann. Es haben sich dabei klare Richtungen herausgestellt.
Wenn heute jemand sportlich ist, so hängt es vorrangig von seinen Neigungen, seinem Freundeskreis und den Möglichkeiten in der Umgebung ab, welcher Sportart er sich zuwenden soll.
Und wenn jemand auf diesem Wege die Liebe für die Leichtathletik entdeckt, so möchte ich ihm gern Ratschläge geben.
Die Leichtathletik ist eine Sportart, die auf der Vielseitigkeit beruht. Selbst die Spezialdisziplinen brauchen die Vielseitigkeit als Basis. Die Begriffe Kraft, Schnelligkeit, Beweglichkeit, Kondition und Koordination haben bei jeder Disziplin Bedeutung. Sie werden nur in unterschiedlicher Intensität und Folge genutzt.

Für Anfänger

Wer gern läuft, springt und wirft, sollte sich so bald wie möglich an Mehrkämpfen beteiligen. Das günstigste ist es, wenn er sich dazu einem Verein anschließt. Hier findet er Kameraden und Trainer oder Übungsleiter und das Gelände zum Üben. So ganz alleine drauflos zu trainieren, würde ich keinem empfehlen. Abgesehen von der Verletzungsmöglichkeit schleichen sich gerade am Anfang Fehler ein, und man braucht Jahre kontrollierten

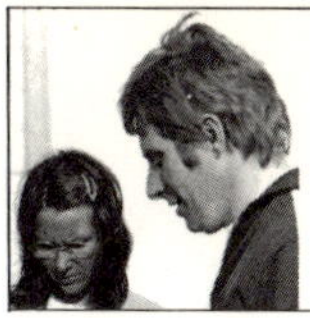

3

Trainings, um diese wieder abzustellen. Es hängt dann von dem Talent und den körperlichen Voraussetzungen ab, welcher Disziplin man sich hinwendet. Aber selbst bei dem Entschluß, mit Diskuswerfen zu beginnen, darf beim Training zum Beispiel die Vielseitigkeit beim Sprinten, Springen oder Hürdenlaufen nicht vernachlässigt werden. Ich war nun immer schon eine Mehrkämpferin, mit einer Liebe zum Weitsprung und Sprint.

Für Fortgeschrittene

Nach dem Sammeln von Erfahrungen in fast allen leichtathletischen Disziplinen kommt die Phase der Spezialisierung. Um einen schwierigen technischen Ablauf, wie zum Beispiel den Weitsprung durchführen zu können, muß eine Basis an leichtathletischem Können, wie das Sprinten es ist oder die Sprungkraft, vorhanden sein. Denn was helfen mir Beweglichkeit und Schnelligkeit, wenn ich am Balken nicht die Kraft habe abzuspringen. Diese Basis wird jetzt um die Technik erweitert. Diese Phase kann schon mit 12 Jahren anfangen, sollte aber spätestens mit 14–15 Jahren beginnen. Zum allgemeinen Konditionstraining kommen Sprintläufe von 25 m bis 100 m. Die kurzen Strecken werden mit mehreren Wiederholungen gelaufen, die längeren nicht so oft und mit längeren Pausen. Dazu gehören: Sprints aus dem Startblock oder aus dem Hockstart mit Kommando für die Reaktion und Beweglichkeit. Für die Verbesserung der Sprungkraft rate ich zu Mehrfachsprüngen. Entweder über Hürden oder Sprungläufe mit anschließender Landung in die Sandgrube. Die Sprungreihen variieren durch unterschiedliche Hürdenhöhen oder -abstände. Für die Beweglichkeit empfehle ich viel Gymnastik und spezielle Koordinationsaufgaben. Auch ab und zu Turnen ist gut, ohne Haltung natürlich, aber man sollte schon einen Handstandüberschlag, Radwende, Flick-Flack oder Salto turnen können. Zur Kräftigung des Rumpfes sind Medizinballwürfe ideal. Alle diese Übungen sind – wie in diesem Buch gezeigt – auch in meinem Trainingspensum vor den Olympischen Spielen enthalten. Sie werden mit gesteigerter Leistung nur unter höherer Belastung durchgeführt und in einigen Teilen spezieller.

Der Hürdenlauf

Das Hürdenlaufen ist für den Mehrkampf wohl die Übung, auf die das größte Gewicht gelegt werden muß. Als erste Übung ist sie ausschlaggebend für den Verlauf des ganzen Fünfkampfs. Ihr Ergebnis kann die Stimmung heben oder drücken. Die Hürden sind für die Fünfkämpferin ein technisches Problem. Eine Mehrkämpferin ist meistens groß und kommt daher schwer mit den Abständen zwischen den Hürden zurecht. Man muß kurz treten, um nicht zu nah auf die nächste Hürde aufzulaufen. Besonders wichtig ist, daß die erste Hürde aus vollem Tempo aus dem Startblock erreicht und überlaufen wird, dann gelingen die nächsten am besten. Jede Hürde muß voll konzentriert angelaufen werden. Das Schwungbein muß schnell hinter der Hürde Boden finden und das Nachziehbein korrekt mit dem Knie wieder in Laufrichtung gebracht werden. Der Oberkörper bleibt dabei sehr ruhig und versucht, die Laufvorlage beizubehalten. Die Arme unterstützen den Lauf. Das alles beachte ich vor jeder Hürde, wenn nicht, schlage ich an oder fange an zu torkeln. Zwischen den Hürden läuft man schnelle Sprintschritte auf den Fußballen. Auch im Auslauf sind noch Zehntelsekunden zu gewinnen.

Kugelstoßen

Nach dem Hürdenlauf ist die Umstellung auf das Kugelstoßen sehr schwer. Hier wird eine Kraftexplosion auf der Stelle verlangt. Nach dem Angleiten im Ring muß man in einer Phase sein, wo alle Muskulatur auf Höchstspannung ist und die Kugel noch einen möglichst weiten Beschleunigungsweg vor sich hat. Der Rumpf geht eine gewisse Verwringung ein, das heißt der Schultergürtel bleibt lange in seiner Ausgangsposition, während die Hüfte sich in Stoßrichtung schon fast um 90° gedreht hat. Der Abstoß setzt schon ein, indem man durch Gewichtsverlagerung vom Standbein in der Mitte auf das vordere Bein am Abstoßbalken den Rumpf und den Oberkörper mit der Kugel nach vorne schnellt. Das letzte Stück des Abstoßes aus dem Arm wird durch den Absprung aus den Beinen unterstützt. Die Tatsache, daß man nur drei Versuche hat, erschwert das Kugelstoßen für Mehrkämpfer, denn es kommt eine gewisse Nervosität durch das Risiko von Fehlversuchen dazu.

Hochsprung

Ich empfehle jeder Fünfkämpferin im Flop-Stil zu springen, obwohl ich selbst Straddle springe. Man erlernt die Technik in kurzer Zeit und erreicht auch leichter Verbesserungen. Der Straddle ist ein zu schwieriger technischer Ablauf, der sehr viel Zeit und Geduld erfordert. Beim Flop kann man den Anlauf ohne technische Komplikation in eine Aufwärts-Flugkurve übersetzen.

Weitsprung

Das Wichtigste am Weitsprung ist ein gut rhythmisch gestalteter Anlauf. Die Temposteigerung erreicht am Balken ihren Höhepunkt. Die Schrittfolge und -länge muß so gleichmäßig sein, daß man mit Sicherheit den Balken trifft. Beim Übersetzen des Laufs in den Sprung am Balken darf nur die geringstmögliche Geschwindigkeit verloren werden. Der Abdruck wird dabei unterstützt durch Schwungbein und Armeinsatz. Die Rumpfhaltung soll ruhig und im Gegensatz zum Sprint aufrecht sein. Nach dem Verlassen des Balkens muß die Hüfte gestreckt, nicht überstreckt, sein. Nur aus der gestreckten Haltung kann die Landung gezielt angesetzt werden. Durch gute Bauchmuskulatur werden die Beine nach vorne hochgehalten. Die Geschwindigkeit sorgt dafür, daß man nicht zurückfällt.

200 m-Lauf

Der letzten Disziplin im Fünfkampf muß genausoviel Bedeutung verliehen werden, wie den anderen Übungen, denn sie kann noch viel am Ergebnis ändern. Die Müdigkeit der vier Übungen steckt noch in den Gliedern und man muß sich zusammenreißen. Die letzten 40 oder 20 Meter fallen am schwersten. Da sollte man an den Laufstil denken: Körpervorlage, Knie hoch und Armeinsatz.

Der Fünfkampf ist immer erst nach fünf Übungen zu Ende, das sollte man bei jeder einzelnen Übung be-

Grashalme, die Heide fallen läßt, geben Windrichtung und annäherungsweise auch Windstärke an.

denken, um nicht durch Resignation oder Freude an Konzentration zu verlieren.

Ratschläge für den Wettkämpfer

Leistungsschwankungen in kurzen Abständen sind selten von der Form abhängig. Meine Form kann nicht diese Woche gut sein, nächste Woche schlecht, dann wieder gut. Es hängt von der Motivation ab, mit der man in einen Wettkampf geht.
Als ich mit dem Leistungssport anfing, habe ich sehr viele Wettkämpfe bestritten, egal wo und wann. Dabei traten riesige Leistungsunterschiede auf. Ich habe so Erfahrungen gesammelt, besonders an mir selber, an meinem Verhalten und betrachte es als eine wichtige Zeit. Ich fand bald heraus, wenn ich mich auf einen Wettkampf freute. Wenn ich mich geistig gut auf einen Kampf eingestellt hatte und voll konzentriert war, stellten sich gute Leistungen ein. Dieses war aber auch nur in gewissen Abständen möglich und natürlich von meiner körperlichen Verfassung abhängig. Daraus ergeben sich wichtige Punkte für

einen Wettkämpfer: denn Wettkämpfe müssen geplant sein. Die Art der Wettkämpfe muß sich durch Gegner und Wertigkeit des Sportfestes steigern, bis zu einem Höhepunkt. Man steigert auch die eigene Motivation, allerdings sollte man auch seine eigenen Grenzen bedenken und nicht durch unerfüllte Wünsche Resignation hervorrufen. Bei eventuellen Rückschlägen durch Krankheit, Verletzung oder Trainingsrückstände, durch Examen oder andere Verpflichtungen sollte man schwere Wettkämpfe erst nach entsprechenden Tests eingehen. Diese Steigerungskurve ist natürlich nicht über eine ganze Saison (Mai – September) möglich. Sie muß also in einen Jahresplan eingearbeitet werden. Nach einer wettkampfreichen Zeit braucht man eine Entspannungsphase, in der man sich im Training stärker belasten kann. Die Nervenbelastung fällt jetzt für eine Weile aus und die Motivation muß wieder neu angekurbelt werden. Wie sieht das jetzt vor dem Wettkampf speziell aus? Ich möchte dazu meine ganz persönlichen Gedanken vermitteln: Notwendig ist eine große Spannung, abgesehen von der guten körperlichen Verfassung. Wenn ich zu ruhig bin oder zu nervös, kann ich mich durch Konzentrations- oder mentales Training in meine Idealwettkampfstimmung bringen. Diese Idealstimmung muß ich natürlich kennen, und das erreiche ich durch Erfahrung. Während des Wettkampfes darf ich mich nicht ablenken lassen, ich muß mich freimachen von negativen Leistungseinflüssen. Den Wettkampfverlauf verfolge ich nur soweit, wie ich meinen Stand notiere. Ich darf mit mir nie zufrieden sein, selbst bei einer guten Leistung. Das kommt erst nach dem Wettkampf. Das ist bei Übungen mit mehreren Versuchen oder Übungen schwer. Beim Laufen kommt das selten vor.
Im Fünfkampf ist die Umstellung von einer Disziplin auf die andere wichtig. Das Resultat der vorangegangenen Übung muß ich vergessen können und mich voll auf die nächste Übung konzentrieren. Zwischen den Übungen muß ich mich entspannen können. Es ist unmöglich, zwei Tage lang auf Höchstspannung zu bleiben, ohne zwischendrin auszuruhen. Ich darf aber nicht zu ruhig werden, sonst kommt die Spannung nicht wieder zurück.

Ratschläge für das Training

Das Jahr wird in zwei Phasen geteilt, die Winter- und Sommerperiode. Im Winter bereite ich eine Basis vor, die es mir ermöglicht, an entsprechenden Wettkämpfen im Sommer teilzunehmen. Für den Fünfkampf trainiere ich, abgesehen von Konditions-, Kraft- und Organtraining immer so wettkampfnah wie möglich. Schon aus Zeitgründen ist es nicht möglich, jede Disziplin wie eine Spezialdisziplin zu trainieren. Ich beachte beim technischen Training unbedingt die Reihenfolge wie sie im Fünfkampf besteht. Ich trainiere die einzelnen Übungen, so wie sie später im Wettkampf aussehen. Das Konditionstraining besteht aus Circuit-Training und Ballspielen und durch schnelle Wiederholungen der technischen Bewegungsabläufe. Auch das Krafttraining führe ich so schnell aus, daß die Organe gleichzeitig belastet werden. Außerdem laufe ich im Winter und Frühjahr viel im Wald. Gute Organe ermöglichen erst eine ordentliche Versorgung der belasteten Muskeln.

Leistungssport: ja ...
»Ich habe es sehr gern gemacht«

Leistungssport ja oder nein?

Das ist ein Thema, über das man lange diskutieren kann. Für mich gab es keine Diskussion, ich habe es sehr gern gemacht. Die Freude ist das Wichtigste, ohne sie sollte sich niemand daran beteiligen. Ich habe sehr viele frohe Stunden mit guten Freunden erlebt. Ich würde das alles noch einmal machen. Aber man darf den Wert eines solchen Leistungsstrebens und großer Erfolge nicht überschätzen, man muß ihn der eigenen Situation anpassen, und wenn andere Dinge im Leben, wie Beruf, Familie oder das Leben an sich, durch den Leistungssport bedingt, ihre Wichtigkeit verlieren, hat man ihn überschätzt.
Der Sport hat mir vieles verschönert und vieles erleichtert, aber das Leben geht auch ohne Sport weiter und soll genauso schön sein.

Die Kehrseite der Medaille

4

Der Sport kann die schönste Nebensache der Welt sein, der Leistungssport an und für sich auch, aber es tauchen damit immer öfter auch Probleme auf. So birgt die Popularität, die sich automatisch durch Spitzenleistungen einstellt, eine angenehme und eine unangenehme Seite. Die angenehmen Seiten werden in diesem Buch überwiegend behandelt und sie überwiegen auch, sonst hätte ich wohl nicht über 10 Jahre Leistungssport betrieben. Die unangenehmen Seiten möchte ich nur nennen. Ich will in keiner Weise ihr Dasein kritisieren, manchmal lehren sie einen, die angenehmen zu schätzen.

Autogramme schreiben:
Allein nach den Olympischen Spielen ca. 150 000 mal

Das Interesse an meiner Person ist mir, besonders in der Zeit nach den Spielen, oft zur Belastung geworden. Wer da glaubt, ich wäre von einer Feier zur anderen gezogen, der täuscht sich. Ich habe meistens meinen Pflichtteil abgesessen und war froh, wieder in ruhiger Umgebung zu sein. Ich habe nie 5 Minuten am Tisch sitzen können, ohne Autogrammwünschen zu folgen, Fotos hier und dort, mit diesem und jenem, und immer wieder die gleichen Fragen beantwortet. Daß die Geduld irgendwann ein Ende findet, ist verständlich.

Autogrammstunden über Autogrammstunden. Wenn ich in einer Stunde 600 bis 700 mal meinen Namen geschrieben habe, komme ich mir eben ein bißchen blöd vor und frage mich nach dem Sinn. Es gibt bestimmt viele, die stattliche Sammlungen vorzeigen können, aber wie oft wandert so ein Bild oder Zettel dann von einem Platz zum anderen in der Wohnung und verschwindet letztlich im Papierkorb. Das gleiche gilt für die Autogrammpost. Ich hätte den riesigen Ansturm nach den Olympischen Spielen nie bewältigt, wenn nicht Freunde und Bekannte, und vor allen Dingen meine Mutter, mir großartige Hilfen waren und sind. Ich habe einmal grob überschlagen, wie oft ich meinen Namen seit den Olympischen Spielen geschrieben habe und bin dabei auf 140 000 bis 150 000 Unterschriften gekommen. Meine Ruhe habe ich versucht, zu Hause zu finden, aber selbst dort blieb ich nicht ungestört. Abgesehen von dem Telefon mit einer Geheimnummer, das tags und nachts immer klingelte, wollte man mich unbedingt dort fotografieren und interviewen. Ich bin aber meistens auf Unverständnis gestoßen, wenn ich auf das kleine Reich, das mir blieb, verwies. Das war oft ein Anlaß zu bösen Stimmen.

Das Interesse der Öffentlichkeit tritt über die Organe Presse, Funk und Fernsehen an uns Sportler heran. Ich habe, wie ich glaube, viel Verständnis für den Wissensdurst, der

über informative Sachlichkeit und Fachwissen manchmal hinausgeht. Aber ich habe mich gewehrt und werde mich immer wehren gegen Spekulationen und falsche Informationen, besonders über meine Person, die mich oft in eine Rolle drängen wollten, die sich zwar besser hätte verkaufen lassen, die aber nicht zu mir paßte und paßt und die ich einfach nicht darstelle. Es waren nie Fachjournalisten, mit denen ich Schwierigkeiten hatte, sondern die, die nichts mit der Redaktion Sport zu tun hatten. Wenn das rechte Maß an Entgegenkommen und Höflichkeit dabei bewahrt bleibt, kann, so glaube ich, immer ein Ergebnis im beiderseitigen Einverständnis erreicht werden. Oft werde ich von der Presse um ein Urteil gebeten über Probleme, Diskussionspunkte und Personen. Soweit mir die Dinge vertraut waren, habe ich eine Stellung bezogen, sie mußte durchdacht und kritikfest sein. Aber ich habe Urteile verweigert über Dinge und vor allem Personen, die ich auch nur aus der Öffentlichkeit her kannte. So etwas wurde mir oft von den Fragenden übelgenommen oder man hat eine Antwort von Heide Rosendahl erfunden, die aber bestimmt nicht von mir gegeben wurde. Wie sollte ich mich dagegen wehren? Heute weiß ich es: man kann es nicht. Daher weiß ich eine objektive und wahrheitsgemäße Presse, die auch Kritik übt, sehr zu schätzen und freue mich immer, so etwas zu lesen.

Leistungsentwicklung – Wettkämpfe – Titel:

	Jahre	100 m Sek.	200 m Sek.	80 m H 100 m H Sek.	Hoch m	Weit m	Kugel m	Fünfkampf Alte Wertung Punkte	Fünfkampf Neue Wertung Punkte
1961	(14)	12,8				5,27			
1962	(15)	12,5			1,53	5,68		3739	
1963	(16)	12,2			1,56	6,00	11,26	4149	
1964	(17)	12,0		11,5	1,61	6,09	11,39	4386	
1965	(18)	12,2	25,5	11,3	1,58	6,15	12,07	4538	+ 4034
1966	(19)	11,8	24,4	11,3	1,64	6,28	12,81	4765	+ 4253
1967	(20)	11,8	24,9	11,5	1,54	6,35	12,40	4573	+ 4065
1968	(21)	11,7	24,2	10,7	1,66	6,62	14,28	5129	+ 4598
1969	(22)	11,7	24,6	13,5	1,65	6,64	13,96	5155	+ 4540
1970	(23)	11,4	23,1	13,1	1,70	6,84	14,27	5399	+ 4772
1971	(24)	11,3	23,37	13,3	1,68	6,72	13,92	5299	+ 4675
1972	(25)	11,4	22,96	13,28	1,68	6,78	13,86		4791
1973	(26)								

Deutsche Jugendmeisterschaften

1963					1,53(3)	6,00(1)			4160(1)
1964		12,2(6)				6,07(1)			4386(1)
1965				11,4(1)		5,96(1)	12,07(2)		4376(1)

4

Jahre	100 m Sek.	200 m Sek.	80 m H / 100 m H Sek.	Hoch m	Weit m	Kugel m	Fünfkampf Neue Wertung Punkte

Deutsche Meisterschaften

Jahre	100 m Sek.	200 m Sek.	80 m H / 100 m H Sek.	Hoch m	Weit m	Kugel m	Fünfkampf Neue Wertung Punkte
1964					5,84(8)		
1965					6,00(4)		4534(2)
1966					6,16(3)		4498(1)
1967					6,31(2)		4573(2)
1968			10,8(2)		6,62(1)	46,3(2)	5040(1)
1969			13,8(1)		6,48(1)	46,3(1)	
1970	11,4(3)		13,2(2)		6,72(1)	45,1(1)	5399(1)
1971	11,32(3)		13,3(2)		6,69(1)	44,5(1)	5158(1)
1972	11,45(2)				6,72(1)	44,53(1)	4543(1)
1973					6,25(2)	(2)	

Deutsche Hallen-Meisterschaften

Jahre	100 m Sek.	200 m Sek.	80 m H / 100 m H Sek.	Hoch m	Weit m	Kugel m	Fünfkampf Neue Wertung Punkte
1966					6,25(1)		
1967					6,32(1)		
1968					6,21(1)		
1969					6,29(1)	1:20,4(1) Staffel	
1970					6,19(1)	1:30,3(1) Staffel	
1971	6,31(2)		7,05(1)		6,68(1)	1:13,3(1) Staffel	
1972					6,48(1)	1:37,9(1) Staffel	

Mannschaftstitel:

1967: Zweiter Platz Fünfkampf-Mannschaftswertung TuS 04 Leverkusen

1967: Deutsche Mannschafts-Meisterschaft (DMM), erster Platz TuS 04 Leverkusen

1968: Erster Platz Fünfkampf-Mannschaftswertung TuS 04 Leverkusen

1968: Deutsche Mannschafts-Meisterschaft (DMM), erster Platz TuS 04 Leverkusen

1970: Erster Platz Fünfkampf-Mannschaftswertung TuS 04 Leverkusen

1970: Deutsche Mannschafts-Meisterschaft (DMM), erster Platz TuS 04 Leverkusen

1971: Deutsche Mannschafts-Meisterschaft (DMM), erster Platz TuS 04 Leverkusen

Europameisterschaften:

1966: Zweite im Fünfkampf

1971: Europameisterin im Fünfkampf, Dritte im Weitsprung

Hallen-Europameisterschaften:

1970: Zweite im Weitsprung

1971: Siegerin im Weitsprung

Europäische Hallenspiele:

1966: Dritte im Weitsprung

1967: Zweite im Weitsprung

1968: Vierte im Weitsprung

1969: Vierte im Weitsprung

Olympische Spiele:

1968: Achte im Weitsprung, Fünfkampf verletzt nicht angetreten
1972: Zwei Gold- (Weit, 4 x 100 m) und eine Silbermedaille (Fünfkampf)

Deutsche Meistertitel im Freien: 22, sieben in der Mannschaft = 29

Deutsche Meistertitel in der Halle: 12 insgesamt 41 deutsche Meistertitel (Freiluft, Mannschaften, Halle)

4

Weitsprung-Wettkämpfe über 6,50 m:

6,84	(1)	Turin	3. 9. 70
6,81	(1)	Mainz	19. 9. 70
6,80	(1)	Budapest	22. 8. 70
6,78	(1)	München	31. 8. 72
6,72	(1)	Zürich	3. 7. 70
6,72	(1)	Berlin	9. 8. 70
6,72	(1)	München	4. 9. 71
6,72	(1)	Alsfeld	3. 6. 72
6,72	(1)	München	23. 7. 72
6,69	(1)	Stuttgart	11. 7. 71
6,69	(F)	Helsinki	14. 8. 71
6,69	(1)	Bukarest	11. 6. 72
6,68	(1)	Mayen	27. 9. 70
6,68	(1)	Valparaiso	10. 10. 70
6,68h	(1)	Kiel	27. 2. 71
6,68	(+)	München	3. 9. 72
6,66	(3)	Helsinki	14. 8. 71
6,65	(1)	Lübeck	7. 7. 72
6,64	(1)	Leverkusen	8. 6. 69
6,64	(1)	Stuttgart	16. 7. 70
6,64h	(1)	Hamburg	29. 1. 71
6,64h	(1)	Sofia	13. 3. 71
6,64	(f)	Stuttgart	23. 5. 71
6,64	(1)	Lüdenscheid	17. 6. 72
6,62	(1)	Berlin	18. 8. 68
6,62	(1)	Wingate	28. 5. 70
6,62	(Q)	München	31. 8. 72
6,60	(1)	München	12. 7. 70
6,60	(2)	Kiew	19. 9. 71
6,59	(1)	Geretsried	12. 6. 71
6,58	(A)	Stuttgart	10. 7. 71
6,57	(1)	Bonn	19. 5. 71
6,57	(F)	München	12. 9. 71
6,56	(1)	Prag	14. 6. 68
6,56	(F)	Stuttgart	13. 9. 70
6,56	(F)	Neuhausen	28. 5. 72
6,55h	(2)	Wien	14. 3. 70
6,54	(Q)	Mexiko Stadt	13. 10. 68
6,54	(F)	München	20. 7. 72
6,53	(1)	Leverkusen	18. 8. 70
6,53	(1)	Augsburg	24. 6. 72
6,52	(F)	Moskau	10. 6. 72
6,52	(A)	München	22. 7. 72
6,51	(1)	Duisburg	27. 6. 71
6,51	(1)	Zürich	13. 8. 72
6,50	(1)	Berlin	1. 6. 68
6,50	(1)	Geretsried	21. 7. 68
6,50	(1)	Büderich	3. 10. 71

1968: 18 Starts	fünf Niederlagen
1969: 12 Starts	zwei Niederlagen
1970: 19 Starts	–– Niederlagen
1971: 18 Starts	drei Niederlagen
1972: 12 Starts	–– Niederlagen

Alle Fünfkämpfe (Frauenklasse):

4034	(4534)	(2)	Augsburg	4/5. 9. 65	11,7	11,86	1,51	6,15	25,5
4177	(4687)	(1)	Schweinfurt	14/15. 5. 66	11,4	12,56	1,64	5,80	25,5
4022	(4524)	(2)	Frechen	11/12. 6. 66	11,7	11,54	1,60	5,77	25,5
4000	(4498)	(1)	Hamm	16/17. 7. 66	11,6	10,93	1,63	5,64	25,5
4253	(4765)	(2)	Budapest	31. 8./1. 9. 66	11,4	11,87	1,56	6,28	24,4
4003	(4509)	(3)	Leverkusen	10/11. 6. 67	11,5	11,70	1,49	5,85	25,0
4065	(4573)	(2)	Leverkusen	9/10. 9. 67	11,7	12,40	1,54	6,01	25,5
4396	(4918)	(1)	Leverkusen	11/12. 5. 68	11,0	13,42	1,59	6,28	24,9
4255	(4773)	(1)	Enschede	13/14. 7. 68	11,0	13,03	1,50	6,10	24,7
4598	(5129)	(1)	London	2/3. 8. 68	10,9	14,01	1,64	6,45	24,2
4510	(5040)	(1)	Hannover	31. 8./1. 9. 68	11,0	14,13	1,55	6,48	24,1
4384	(4995)	(1)	Leverkusen	10/11. 5. 69	13,7	13,93	1,59	6,24	24,8
4414	(5023)	(1)	Heidelberg	31. 5./1. 6. 69	13,6	13,26	1,65	6,21	24,8
aufgegeben			Hannover	1/2. 8. 69	14,1	12,76			
4540	(5155)	(1)	Leverkusen	26/27. 9. 69	13,7	13,95	1,64	6,33	23,9
4505	(5123)	(1)	Schwetzingen	13/14. 6. 70	13,5	13,33	1,60	6,32	23,7
4772	(5399)	(1)	Stuttgart	12/13. 9. 70	13,1	13,31	1,70	6,56	23,1
4656	(5276)	(1)	Stuttgart	22/23. 5. 71	13,6	13,92	1,65	6,64	23,6
4544	(5158)	(1)	Burg Gretesch	17/18. 7. 71	13,6	13,30	1,65	6,46	24,0
4675	(5299)e	(1)	Helsinki	13/14. 8. 71	13,52	13,70	1,68	6,69	23,8
4618	(5228)e	(1)	München	11/12. 9. 71	13,65	13,31	1,67	6,57	23,6
4637		(1)	Neuhausen	27/28. 5. 72	13,2	13,44	1,64	6,56	23,8
4574		(1)	Moskau	9/10. 6. 72	13,5	13,42	1,62	6,52	23,7
4543	e	(1)	München	19/20. 7. 72	13,64	11,98	1,65	6,54	23,30
4791	e	(2)	München OS	2/3. 9. 72	13,34	13,86	1,65	6,83	22,96

e = vollautomat. Zeitnahme